Petits *C*lassiques

LAROUSSE

Collection fondée par Félix Guirand,
Agrégé des Lettres

Bérénice

Racine

Tragédie

Édition présentée,
annotée et commentée
par Cécile LIGNEREUX,
agrégée de lettres modernes,
ancienne élève
de l'École normale supérieure

ISBN 978-2-03-583213-9

SOMMAIRE

Avant d'aborder l'œuvre

Berenice
RACINE

Pour approfondir

AVANT D'ABORDER
L'ŒUVRE

Fiche d'identité de l'auteur

Racine

Nom : Jean Racine.

Naissance : en 1639, à La Ferté-Milon (Picardie).

Famille : petite-bourgeoisie de province. Très tôt orphelin, Racine bénéficie toute sa vie du soutien de sa nombreuse famille.

Formation : éducation janséniste par les célèbres maîtres de Port-Royal.

Début de carrière : à partir de 1658, Racine tente par tous les moyens de se faire connaître et de réussir socialement. Il fréquente les milieux mondains et littéraires, dédie des odes au roi et devient auteur de théâtre.

Premier succès : *Andromaque* (1667), qui connaît un véritable triomphe.

Évolution de sa carrière : les années 1670 voient l'irrésistible ascension de Racine vers la reconnaissance et la gloire, dont le symbole est sa réception à l'Académie française (1673). Les succès s'enchaînent : *Bérénice* (1670), *Bajazet* (1672), *Mithridate* (1673), *Iphigénie en Aulide* (1674).

Tournant de sa carrière : en 1677, *Phèdre* remporte un triomphe. Mais une cabale organisée par différents ennemis de Racine s'acharne contre la pièce.

Dernière partie de sa carrière : la même année (1677), Racine, qui a alors trente-huit ans et connaît la gloire, rompt avec le monde du théâtre, renonce à une vie sentimentale agitée, se marie et obtient la charge prestigieuse d'historiographe du roi, charge qui consiste à consigner les événements marquants du règne de Louis XIV. Revenu à la piété et réconcilié avec Port-Royal, il écrit *Esther* (1689) et *Athalie* (1691), tragédies bibliques et édifiantes, pour les pensionnaires de l'institution de Saint-Cyr. Il est nommé "gentilhomme ordinaire du roi" en 1690, ce qui couronne sa fulgurante ascension sociale.

Mort : en 1699, à Paris. Conformément à sa demande, il est inhumé à Port-Royal des Champs.

Portrait de Jean Racine attribué à son fils.

Repères chronologiques

Vie et œuvre de Racine	Événements politiques et culturels
1639 Naissance à La Ferté-Milon (Picardie). Petite bourgeoisie de province.	**1642** Corneille, *Cinna*.
1639-1658 **Éducation janséniste.** Orphelin pauvre, Racine reçoit gratuitement l'enseignement de célèbres maîtres jansénistes à Port-Royal des Champs.	**1643** Corneille, *Polyeucte*. Mort de Louis XIII. Louis XIV a cinq ans. Début de la régence d'Anne d'Autriche et du ministère de Mazarin.
1659-1660 Débuts mondains et fréquentation des milieux littéraires.	**1648-1653** Révolte de la Fronde, qui menace le pouvoir royal.
1663 Racine rompt avec Port-Royal et devient un auteur de théâtre à la vie dissolue.	**1659** Molière, *Les Précieuses ridicules*.
	1660 Louis XIV épouse l'infante Marie-Thérèse d'Espagne.
1664 Accueil mitigé de *La Thébaïde*.	**1661** Mort de Mazarin et début du règne personnel de Louis XIV.
1665 Vif succès d'*Alexandre le Grand*. Racine se brouille avec Molière. Liaison avec la comédienne Thérèse Du Parc.	**1662** Molière, *L'École des femmes*.
	1664 Molière, *Le Tartuffe* (interdit).
1667 Immense succès d'*Andromaque* (pièce créée dans l'appartement de la reine). Ce triomphe révèle au public le génie dramatique de Racine.	**1665** Molière, *Dom Juan*. La Rochefoucauld, *Maximes*.
	1666 Molière, *Le Misanthrope*.
1668 Succès médiocre de sa comédie *Les Plaideurs*. Attaques des clans de Corneille et de Molière.	**1668** Le traité d'Aix-la-Chapelle fait de Louis XIV l'arbitre de l'Europe. La Fontaine, *Fables*.
1669 *Britannicus* est un échec.	**1669** Guilleragues, *Lettres d'une religieuse portugaise*.
1670 Grand succès de *Bérénice*, qui est jouée en même temps que *Tite*	**1670** Molière, *Le Bourgeois gentilhomme*.

Repères chronologiques

Vie et œuvre de Racine	Événements politiques et culturels
et Bérénice de Corneille. C'est Racine qui l'emporte.	**1672** Molière, *Les Femmes savantes*.
1672 Triomphe de *Bajazet*.	**1673** Molière, *Le Malade imaginaire*. Mort de l'auteur.
1673 Excellent accueil de *Mithridate*, qui provoque l'enthousiasme de Louis XIV. **Racine est reçu à l'Académie française.**	**1674** Dernière tragédie de Corneille, *Suréna*. Boileau, *Art poétique*.
1674 *Iphigénie en Aulide*, grand succès de larmes.	**1678** Traité de Nimègue : c'est l'apogée du règne de Louis XIV. Mme de Lafayette, *La Princesse de Clèves*.
1677 Vif succès de *Phèdre*, qui manque pourtant de tomber à cause de la cabale organisée par les ennemis de Racine. Racine épouse la riche Catherine de Romanet, dont il aura sept enfants, rompt avec le théâtre, est nommé historiographe du roi et se réconcilie avec Port-Royal.	**1684** Mariage secret du roi et de Mme de Maintenon, qui fait régner à la cour une atmosphère d'austérité et de dévotion.
	1685 Révocation de l'édit de Nantes.
1689 *Esther*, tragédie biblique écrite à la demande de Mme de Maintenon pour les pensionnaires de l'école de Saint-Cyr. Succès considérable.	**1688** La Bruyère, *Les Caractères*.
	1697 Les traités de Ryswick marquent la fin de la prépondérance française.
1690 **Racine est nommé « gentilhomme ordinaire du roi ».**	
1691 *Athalie*, tragédie biblique commandée par Mme de Maintenon.	
1699 Racine meurt à Paris. Il est enterré, conformément à sa demande, à Port-Royal des Champs.	

Fiche d'identité de l'œuvre

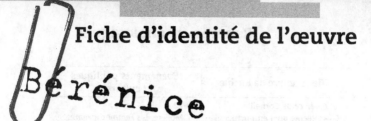

Bérénice

Genre :
pièce de théâtre ;
tragédie en vers.

Auteur :
Jean Racine, XVIIᵉ siècle
(1639-1699).

Objets d'étude :
le théâtre : texte et
représentation ;
tragique et tragédie ;
l'argumentation :
convaincre, persuader,
délibérer.

Registres :
tragique, pathétique,
lyrique, élégiaque.

Structure :
cinq actes.

Forme :
pièce de théâtre écrite
en alexandrins. Le texte
est celui de la dernière
édition publiée
du vivant de l'auteur,
en 1697.

Principaux personnages : Titus (nouvel empereur
de Rome) ; Bérénice (reine de Palestine et maîtresse
de Titus depuis cinq ans) ; Antiochus
(roi de Comagène, amoureux de Bérénice).

Sujet : l'action se situe sous l'Empire romain, en 79
après Jésus-Christ. Titus, qui vient de succéder
à l'empereur Vespasien, aime Bérénice, reine
de Palestine, également aimée d'Antiochus, roi
de Comagène. Mais la loi romaine s'oppose à cet
amour : un empereur ne peut pas épouser une reine
étrangère. Comment Titus parviendra-t-il à dire
à Bérénice qu'il leur faut renoncer à leur amour ?

Représentation de la pièce : la première
représentation a lieu le 21 novembre 1670 dans
une salle de théâtre de Paris, l'Hôtel de Bourgogne.
La pièce connaît immédiatement un triomphe,
les spectateurs éprouvant, au dire même de Racine
dans sa préface, "le plaisir de pleurer et d'être
attendris".

1680 COMÉDIE-FRANÇAISE 1893

Les Bureaux ouvriront à 8 heures — On commencera à 8 h. 1/2

Aujourd'hui JEUDI 21 Décembre 1893

254ᵐᵉ ANNIVERSAIRE DE LA NAISSANCE DE RACINE

BÉRÉNICE

Tragédie en CINQ actes, de *RACINE*

MM. ALBERT LAMBERT Fils, *Antiochus*. — PAUL MOUNET, *Titus*.
DUPONT-VERNON, *Paulin*. — HAMEL, *Rutile*. — LEITNER, *Arsace*.
Mᵐᵉˢ BARTET, *Bérénice*. — MORENO, *Phénice*.

PROLOGUE A BÉRÉNICE

A-propos en un acte, en vers, de *MM. ED. NOEL et L. PATÉ*

MM. PRUDHON, *Racine*. — TRUFFIER, *Marquis de Dangeau*
FALCONNIER, *un Huissier*.
Mˡˡᵉ BRANDES, *Henriette d'Angleterre*.

ORDRE : Prologue à Bérénice. — Bérénice

VENDREDI 22, SAMEDI 23, DIMANCHE 24, MERCREDI 27 Décembre
20ᵐᵉ, 21ᵐᵉ, 22ᵐᵉ, 23ᵐᵉ Représentation (*à ce Théâtre*)

ANTIGONE

DIMANCHE 24 DÉCEMBRE, MATINÉE A 1 HEURE 1/4
LES FEMMES SAVANTES — LE MÉDECIN MALGRÉ LUI

LUNDI 25 DÉCEMBRE, MATINÉE A 1 HEURE 1/4
Représentation hors série

ANTIGONE

LUNDI 25 DÉCEMBRE, LE SOIR
LE MONDE OU L'ON S'ENNUIE

Le Bureau de Location est ouvert de 11 heures du matin à 6 heures du soir.

Affiche de *Bérénice* représentée à la Comédie-Française
le 21 décembre 1883.

L'œuvre dans son siècle

Le contexte historique et politique : un jeune roi autoritaire entouré d'une cour brillante

Louis XIV et le triomphe de la monarchie absolue

À LA MORT DE MAZARIN en 1661, le jeune Louis XIV choisit de se passer de principal ministre et de gouverner lui-même, se faisant seulement épauler par des hommes compétents et efficaces qui ont toute sa confiance (Colbert, Le Tellier, Louvois). Son but est de mener une politique de grandeur dans tous les domaines : politique (le roi concentrant tous les pouvoirs entre ses mains) ; religieux (les opinions hétérodoxes, comme celles des jansénistes et des protestants, étant réprimées au nom de l'unité religieuse du pays) ; économique (Louis XIV s'attachant, avec l'aide de Colbert, à développer la prospérité de la France) ; militaire (la politique extérieure agressive visant à établir la prépondérance française sur la scène internationale) ; culturel enfin (le pouvoir royal développant le système des pensions accordées aux artistes appréciés par le roi).

L'art et les belles-lettres au service du prestige royal

DÈS LE DÉBUT de son gouvernement personnel (1661), Louis XIV manifeste son intention de faire de son règne le plus prestigieux des temps modernes. Protecteur des lettres et des arts, il veut mettre ceux-ci au service exclusif de sa gloire. Pendant la première partie de son règne, il utilise tous les talents reconnus pour réaliser à Versailles une œuvre artistique inégalable. Mécène unique, Louis XIV soutient les académies. À l'instar de l'Académie française sont créées ou réorganisées l'Académie des inscriptions et belles-lettres (1663), l'Académie de peinture et de sculpture (1663), l'Académie de musique (1669) et

L'œuvre dans son siècle

l'Académie d'architecture (1671). Avec le concours de leurs principaux responsables et de Colbert, le Roi-Soleil, qui contribue grandement au succès de l'idéal classique, réglemente le travail des artistes, accordant ou retirant pensions, honneurs et gratifications.

Louis XIV veut aussi rassembler autour de lui les écrivains pour assurer les divertissements de la cour (qui se déplace notamment entre le Louvre, Versailles, les Tuileries et Saint-Germain-en-Laye, avant de se fixer définitivement à Versailles en 1682). C'est ainsi que Molière, Racine, Boileau et Lully, pensionnés par le roi, écrivent des pièces de théâtre, des comédies-ballets et des opéras qui contribuent au renom de la cour à travers toute l'Europe. Pendant les dix premières années du règne de Louis XIV, la vie à la cour est particulièrement brillante et joyeuse : les spectacles et les divertissements s'y succèdent au rythme des commandes royales. Mais les écrivains appelés à la cour ont aussi pour tâche d'exalter le roi : ainsi Boileau et Racine, nommés historiographes du roi, écrivent-ils une histoire du règne toute à la gloire du monarque.

Racine ou les stratégies d'un écrivain courtisan

Toute la vie de Racine peut être relue à la lumière de son ambition et de sa volonté d'être reconnu. Si l'écrivain connaît une fulgurante ascension sociale, c'est qu'il « s'adapte aux attentes et aux exigences politiques et sociales de son siècle en véritable caméléon » (Alain Viala), sachant se conformer non seulement aux modes et aux attentes du public, mais aussi aux exigences de la cour et de Louis XIV. C'est grâce à cette « stratégie du caméléon » que Racine parvient à s'attirer la protection du roi et des membres influents de la cour (dont Colbert et Mme de Montespan), à recevoir des subventions royales et à se faire attribuer au fil des ans toutes les distinctions.

L'œuvre dans son siècle

Racine, en parfait courtisan, possède l'art de saisir l'air du temps et d'écrire des pièces qui correspondent parfaitement à celui-ci. Non seulement Louis XIV assiste à la représentation de la plupart de ses œuvres, mais encore il les choisit pour les fastueuses fêtes de la cour : *Bérénice* est ainsi mise en scène au palais des Tuileries à l'occasion du mariage du duc de Nevers et de M\ce de Thianges ; quant à *Iphigénie*, elle est jouée dans le cadre des somptueux divertissements qui célèbrent la conquête de la Franche-Comté.

Le contexte culturel : une vie théâtrale riche et mouvementée

Salles de théâtre, troupes et acteurs au moment de la création de Bérénice

En 1670, trois salles permanentes sont en concurrence : celle de l'Hôtel de Bourgogne, celle du théâtre du Marais et celle du Palais-Royal, où joue la troupe de Molière. Les troupes se livrent alors une concurrence acharnée, ce qu'illustrent notamment trois phénomènes typiques de la vie théâtrale du vivant de Racine.

Premièrement, il est fréquent que deux troupes concurrentes proposent des pièces portant sur le même sujet, créant ainsi une situation de rivalité bien connue de Racine. En 1664, au moment où il écrit sa première pièce, *La Thébaïde*, pour la troupe de Molière, l'abbé Boyer écrit en même temps une *Thébaïde* pour la troupe rivale de l'Hôtel de Bourgogne. En 1670 s'affrontent *Bérénice*, créée le 21 novembre à l'Hôtel de Bourgogne, et *Tite et Bérénice* de Corneille, représenté par la troupe de Molière le 28 novembre – duel dont la pièce de Racine sort victorieuse. En 1674, l'*Iphigénie* de Racine, grand succès de larmes, triomphe d'une *Iphigénie* composée par Leclerc et Coras. Enfin, en 1677, Pradon écrit *Phèdre et Hippolyte* pour concurrencer la pièce de Racine.

L'œuvre dans son siècle

DEUXIÈMEMENT, les tentatives de débauchage des comédiens sont courantes. C'est ainsi sur la pression de Racine que la célèbre comédienne Thérèse Du Parc quitte en 1667 la troupe de Molière et passe à l'Hôtel de Bourgogne. Les auteurs dramatiques savent en effet que les spectateurs accourent pour voir les comédiens à la mode. Les héroïnes de Racine doivent beaucoup aux célèbres actrices que sont la Du Parc, très belle *Andromaque*, et la Champmeslé, particulièrement douée pour déclamer les vers de l'auteur et émouvoir le public, qui interprète avec succès des rôles tels que ceux de Bérénice, d'Iphigénie ou de Phèdre.

TROISIÈMEMENT, les revirements des auteurs, qui recourent tantôt à une troupe tantôt à sa rivale pour représenter leurs pièces, entretiennent ce climat de compétition. Alors que Racine avait fait jouer sa première tragédie par la troupe de Molière, il décide brusquement, quelques jours après la première représentation d'*Alexandre le Grand*, de retirer à celle-ci cette deuxième tragédie pour la donner à la troupe de l'Hôtel de Bourgogne, à laquelle il fera désormais jouer la plupart de ses pièces.

La production dramatique racinienne au cœur de querelles et de débats

TOUT AU LONG DE SA CARRIÈRE, Racine doit lutter pour se faire reconnaître et admettre dans le monde théâtral. Sa carrière d'auteur dramatique est faite de luttes perpétuelles contre toutes sortes de détracteurs : ses rivaux (parmi lesquels Corneille et les défenseurs de son esthétique tragique), les journalistes, les critiques, les théoriciens du théâtre, mais aussi des jaloux de tous ordres. Ses pièces sont ainsi systématiquement attaquées, même les plus appréciées du public.

TEL EST LE CAS DE *BÉRÉNICE* : cette « tragédie qui a été honorée de tant de larmes, et dont la trentième représentation a été aussi suivie que la première » (préface), n'échappe ni aux critiques ni aux caricatures. Le débat est lancé par la *Critique de Bérénice* de l'abbé Montfaucon de Villars (parue en janvier 1671), auquel réplique un sieur de S., sans doute Saint-Glas, abbé de Saint-Ussans, dans sa *Réponse à la Critique de Bérénice* (publiée en mars 1671). Puis paraissent en 1673 trois actes anonymes de *Tite et Titus ou les Bérénice*, qui mettent en scène les personnages de Corneille et ceux de Racine s'attaquant mutuellement pour usurpation d'identité ! Enfin est jouée, en 1683, une *Parodie de Bérénice*, parodie bouffonne qui caricature grossièrement la pièce de Racine.

L'ACTUALITÉ THÉÂTRALE, suivie et débattue avec passion à la cour comme à la ville, donne lieu à des querelles non seulement très fréquentes (les plus célèbres du siècle étant celles du *Cid* de Corneille, de *L'École des femmes* de Molière et de la *Phèdre* de Racine), mais aussi particulièrement violentes, les attaques contre les pièces visées provoquant souvent l'affrontement de véritables clans qui n'hésitent pas à recourir aux injures et aux calomnies.

Les luttes incessantes de Racine pour imposer ses tragédies

C'EST DONC dans un climat constamment polémique que Racine tente d'imposer ses tragédies, climat auquel font écho ses préfaces, souvent cinglantes à l'égard de ses ennemis. Par exemple, dans celle de *Britannicus,* affirmant qu'« il n'y a rien de plus naturel que de se défendre quand on se croit injustement attaqué », Racine répond aux nombreuses objections de ses détracteurs, mais fait surtout un véritable réquisitoire contre les « censeurs », les « critiques », les « juges si difficiles » et même la « cabale » suscitée selon lui par « un vieux poète mal intentionné », allusion transparente à Corneille ! Dans celle de *Bérénice*, il rend hommage aux spectateurs qui ont su se réserver « le plaisir de pleurer et d'être attendris » et s'en prend violemment aux « quelques personnes » (le clan de Corneille et l'abbé Montfaucon de Villars) qui ont critiqué sa pièce, les traitant par le mépris. Dans celle de *Phèdre* enfin, Racine ressent le besoin de se justifier contre les accusations d'immoralité dont il a fait l'objet.

SI RACINE sort finalement de ce combat auréolé de gloire, il n'en est pas moins usé par dix années de cabales, de luttes et de polémiques. La querelle de *Phèdre* n'est sans doute pas étrangère à sa décision d'abandonner le théâtre, d'autant plus qu'il est nommé historiographe du roi, charge prestigieuse incompatible avec sa carrière dramatique, et qu'il est en train de se réconcilier avec les jansénistes.

Lire l'œuvre aujourd'hui

Si bien des indices témoignent à présent de la vitalité de *Bérénice* — interprétée depuis plus d'un demi-siècle par les plus grands acteurs et metteurs en scène du moment, et récemment encore adaptée pour la télévision —, c'est que cette pièce singulière pose des questions éminemment modernes. *Bérénice* expose certes les difficultés inhérentes à une relation amoureuse en train de prendre fin, explorant les obscurités, les contradictions et les souffrances du cœur amoureux confronté à la rupture. Mais elle dépasse largement l'étude des éternels problèmes du couple et questionne aussi bien les limites du langage, le rapport à la loi, la nécessité d'affronter la réalité.

Les difficultés à communiquer

La pièce met en scène l'échec de la communication entre les êtres. Même en présence l'un de l'autre, les personnages ne parviennent pas à communiquer, soit que chaque interlocuteur reste enfermé dans son propre univers mental au point de ne pas entendre l'autre ; soit que, obsédé par sa propre souffrance, le personnage ne cherche pas à comprendre ce que l'autre lui dit ; soit que, incapable d'admettre une réalité trop douloureuse, il refuse de croire l'information qui lui est transmise ; soit qu'il empêche l'autre de s'exprimer ; soit enfin qu'il interprète mal les paroles qu'on lui adresse.

Les difficultés à respecter la loi

L'obligation de se séparer de celle qu'il aime est imposée à Titus de l'extérieur, par la loi romaine interdisant à l'empereur d'épouser une reine étrangère. En acceptant de s'y conformer, Titus reconnaît la supériorité de l'honneur sur l'amour. Un tel conflit de valeurs, qui oppose la logique du bonheur individuel à celle de la raison d'État, permet de mesurer tout l'enjeu du respect de la loi.

Lire l'œuvre aujourd'hui

Bafouer la loi ne satisfait pas la conscience morale de Titus, soucieux de succéder dignement à son père ; mais la soumission à la loi semble l'enfermer, l'aliéner et le détruire. Il s'agit en fait pour l'empereur de faire coïncider l'obéissance à la loi avec l'affirmation libre de soi, c'est-à-dire de passer d'une conduite capricieuse et égoïste à l'autonomie morale, par laquelle le sujet se donne à lui-même sa propre loi. Mais si seule la soumission à une loi librement consentie est vraie liberté et source d'élévation morale, le chemin pour y parvenir n'en est pas moins douloureux, comme le montrent les souffrances, les plaintes et les sursauts de révolte des héros.

Les difficultés à affronter la réalité

De même que Titus a voulu ignorer ses devoirs tant que son père était vivant, Bérénice préfère continuer à s'illusionner sur son sort durant les trois premiers actes, refusant de voir les indices qui s'accumulent puis d'admettre une réalité trop douloureuse. Or il y a un moment où l'on ne peut plus ni se complaire dans d'illusoires rêveries, ni se réfugier dans l'incrédulité, ni même se révolter contre le malheur. Reste à accepter l'inéluctable.

Ces amants qui se séparent malgré eux pour des raisons politiques et sociales s'inscrivent ainsi dans la longue lignée des mythes de l'amour impossible, aux côtés de Tristan et Iseut, d'Héloïse et Abélard, ou de Roméo et Juliette. Cette rupture forcée, qui signifie l'échec de l'amour face aux contraintes de l'existence, est d'autant plus pathétique qu'elle semble symboliser tous les renoncements imposés à la vie humaine.

Bérénice, illustration de l'acte I. Gravure de Massard, d'après Serangeli.

Bérénice

Racine

Tragédie

Épître dédicatoire[1]
à Monseigneur
Colbert

Secrétaire d'État,
Contrôleur général des finances,
surintendant des bâtiments,
Grand trésorier des ordres du roi,
Marquis de Seignelay, etc.

MONSEIGNEUR,

Quelque juste défiance que j'aie de moi-même et de mes ouvrages, j'ose espérer que vous ne condamnerez pas la liberté que je prends de vous dédier cette tragédie.
5 Vous ne l'avez pas jugée tout à fait indigne de votre approbation. Mais ce qui fait son plus grand mérite auprès de vous, c'est, Monseigneur, que vous avez été témoin du bonheur qu'elle a eu de ne pas déplaire à Sa Majesté.

L'on sait que les moindres choses vous deviennent
10 considérables[2], pour peu qu'elles puissent servir ou à sa gloire ou à son plaisir ; et c'est ce qui fait qu'au milieu de tant d'importantes occupations, où le zèle de votre prince[3] et le bien public vous tiennent continuellement attaché, vous ne dédaignez pas quelquefois de descendre jusqu'à
15 nous[4], pour nous demander compte de notre loisir[5].

J'aurais ici une belle occasion de m'étendre sur vos louanges, si vous me permettiez de vous louer. Et que ne

---

1. **Épître dédicatoire :** lettre située en tête d'un ouvrage pour le dédicacer à quelqu'un.
2. **Considérables :** dignes d'être considérées.
3. **Le zèle de votre prince :** le zèle mis à le servir.
4. **Nous :** les hommes de lettres et les artistes protégés par Colbert.
5. **Loisir :** activité, occupation.

dirais-je point de tant de rares qualités qui vous ont attiré l'admiration de toute la France ; de cette pénétration à laquelle rien n'échappe ; de cet esprit vaste qui embrasse, qui exécute tout à la fois tant de grandes choses ; de cette âme que rien n'étonne, que rien ne fatigue ! 20

Mais, Monseigneur, il faut être plus retenu à vous parler de vous-même ; et je craindrais de m'exposer, par un éloge importun, à vous faire repentir de l'attention favo- 25 rable dont vous m'avez honoré ; il vaut mieux que je songe à la mériter par quelques nouveaux ouvrages : aussi bien c'est le plus agréable remerciement qu'on vous puisse faire. Je suis avec un profond respect,

MONSEIGNEUR, 30
Votre très humble et très obéissant serviteur,

RACINE.

Préface

Titus reginam Berenicen, cui etiam nuptias pollicitus fere-
batur, statim ab Urbe dimisit invitus invitam.

C'est-à-dire que « Titus, qui aimait passionnément Bérénice, et qui même, à ce qu'on croyait, lui avait promis de
5 l'épouser, la renvoya de Rome, malgré lui et malgré elle,
dès les premiers jours de son empire ». Cette action est très
fameuse dans l'histoire ; et je l'ai trouvée très propre pour
le théâtre, par la violence des passions qu'elle y pouvait
exciter. En effet nous n'avons rien de plus touchant dans
10 tous les poètes que la séparation d'Énée et de Didon, dans
Virgile[1]. Et qui doute que ce qui a pu fournir assez de
matière pour tout un chant d'un poème héroïque, où
l'action dure plusieurs jours, ne puisse suffire pour le sujet
d'une tragédie, dont la durée ne doit être que de quelques
15 heures ? Il est vrai que je n'ai point poussé Bérénice jusqu'à
se tuer, comme Didon, parce que Bérénice n'ayant pas ici
avec Titus les derniers engagements que Didon avait avec
Énée, elle n'est pas obligée, comme elle, de renoncer à la
vie. À cela près, le dernier adieu qu'elle dit à Titus, et
20 l'effort qu'elle se fait[2] pour s'en séparer, n'est pas le moins
tragique[3] de la pièce ; et j'ose dire qu'il renouvelle assez
bien dans le cœur des spectateurs l'émotion que le reste y
avait pu exciter. Ce n'est point une nécessité qu'il y ait du
sang et des morts dans une tragédie ; il suffit que l'action
25 en soit grande, que les acteurs en soient héroïques, que les
passions y soient excitées, et que tout s'y ressente de cette
tristesse majestueuse qui fait tout le plaisir de la tragédie.

---

1. **Virgile :** allusion au chant IV de *L'Énéide* du poète latin.
2. **L'effort qu'elle se fait :** l'effort qu'elle fait sur elle-même.
3. **Le moins tragique :** ce qu'il y a de moins tragique.

Je crus que je pourrais rencontrer toutes ces parties[1] dans mon sujet ; mais ce qui m'en plut davantage, c'est que je le trouvai extrêmement simple. Il y avait longtemps que je voulais essayer si je pourrais faire une tragédie avec cette simplicité d'action qui a été si fort du goût des Anciens. Car c'est un des premiers préceptes qu'ils nous ont laissés : « Que ce que vous ferez, dit Horace[2], soit toujours simple et ne soit qu'un. » Ils ont admiré l'*Ajax* de Sophocle[3], qui n'est autre chose qu'Ajax qui se tue de regret, à cause de la fureur[4] où il était tombé après le refus qu'on lui avait fait des armes d'Achille. Ils ont admiré le *Philoctète*, dont tout le sujet est Ulysse qui vient pour surprendre les flèches d'Hercule. L'*Œdipe* même, quoique tout plein de reconnaissances[5], est moins chargé de matière que la plus simple tragédie de nos jours. Nous voyons enfin que les partisans de Térence[6], qui l'élèvent avec raison au-dessus de tous les poètes comiques, pour l'élégance de sa diction et pour la vraisemblance de ses mœurs, ne laissent pas de[7] confesser que Plaute[8] a un grand avantage sur lui par la simplicité qui est dans la plupart des sujets de Plaute ; et c'est sans doute cette simplicité merveilleuse qui a attiré à ce dernier toutes les louanges que les Anciens lui ont données. Combien Ménandre[9] était-il encore plus simple, puisque Térence est obligé de prendre deux comédies de ce poète pour en faire une des siennes !

---

1. **Toutes ces parties :** tous ces éléments.
2. **Horace :** poète latin.
3. **Sophocle :** auteur tragique grec. *Ajax*, *Philoctète* et *Œdipe roi* font partie de ses meilleures pièces.
4. **Fureur :** folie.
5. **Reconnaissances :** Œdipe reconnaît peu à peu ses origines.
6. **Térence :** auteur comique latin.
7. **Ne laissent pas de :** n'arrêtent pas de.
8. **Plaute :** auteur comique latin dont les comédies sont moins raffinées que celles de Térence.
9. **Ménandre :** poète comique grec, dont Plaute et Térence se sont largement inspirés.

Et il ne faut point croire que cette règle ne soit fondée
que sur la fantaisie de ceux qui l'ont faite : il n'y a que le
55 vraisemblable qui touche dans la tragédie, et quelle
vraisemblance y a-t-il qu'il arrive en un jour une multitude
de choses qui pourraient à peine arriver en plusieurs
semaines ? Il y en a qui pensent que cette simplicité est
une marque de peu d'invention. Ils ne songent pas qu'au
60 contraire toute l'invention consiste à faire quelque chose
de rien, et que tout ce grand nombre d'incidents a toujours été le refuge des poètes qui ne sentaient dans leur
génie ni assez d'abondance ni assez de force pour attacher
durant cinq actes leurs spectateurs par une action simple,
65 soutenue de la violence des passions, de la beauté des sentiments et de l'élégance de l'expression. Je suis bien éloi-
gné de croire que toutes ces choses se rencontrent dans
mon ouvrage ; mais aussi je ne puis croire que le public
me sache mauvais gré de lui avoir donné une tragédie qui
70 a été honorée de tant de larmes, et dont la trentième
représentation a été aussi suivie que la première.

Ce n'est pas que quelques personnes [1] ne m'aient repro-
ché cette même simplicité que j'avais recherchée avec
tant de soin. Ils ont cru qu'une tragédie qui était si peu
75 chargée d'intrigues ne pouvait être selon les règles du
théâtre. Je m'informai s'ils se plaignaient qu'elle les eût
ennuyés. On me dit qu'ils avouaient tous qu'elle n'ennuyait
point, qu'elle les touchait même en plusieurs endroits, et
qu'ils la verraient encore avec plaisir. Que veulent-ils
80 davantage ? Je les conjure d'avoir assez bonne opinion
d'eux-mêmes pour ne pas croire qu'une pièce qui les
touche et qui leur donne du plaisir puisse être absolu-
ment contre les règles. La principale règle est de plaire et
de toucher, toutes les autres ne sont faites que pour par-
85 venir à cette première. Mais toutes ces règles sont d'un
long détail, dont je ne leur conseille pas de s'embarrasser :

---

1. **Quelques personnes :** le clan cornélien et l'abbé Montfaucon de
Villars en particulier, qui a publié une *Critique de Bérénice*.

ils ont des occupations plus importantes. Qu'ils se reposent sur nous[1] de la fatigue d'éclaircir les difficultés de la
Poétique d'Aristote[2] ; qu'ils se réservent le plaisir de pleurer et d'être attendris ; et qu'ils me permettent de leur dire   90
ce qu'un musicien disait à Philippe, roi de Macédoine, qui
prétendait qu'une chanson n'était pas selon les règles : « À
Dieu ne plaise, Seigneur, que vous soyez jamais si malheureux que de savoir ces choses-là mieux que moi[3] ! »

Voilà tout ce que j'ai à dire à ces personnes à qui je   95
me ferai toujours gloire de plaire ; car, pour le libelle[4]
que l'on a fait contre moi[5], je crois que les lecteurs me
dispenseront volontiers d'y répondre. Et que répondrais-
je à un homme qui ne pense rien et qui ne sait pas
même construire ce qu'il pense ? Il parle de protase[6]   100
comme s'il entendait[7] ce mot, et veut que cette première des quatre parties de la tragédie soit toujours la
plus proche de la dernière, qui est la catastrophe[8]. Il se
plaint que la trop grande connaissance des règles
l'empêche de se divertir à la comédie. Certainement, si   105
l'on en juge par sa dissertation, il n'y eut jamais de
plainte plus mal fondée. Il paraît bien qu'il n'a jamais lu
Sophocle, qu'il loue très injustement d'« une grande
multiplicité d'incidents[9] » ; et qu'il n'a même jamais rien
lu de la *Poétique* que dans quelques préfaces de tra-   110

---

1. **Sur nous :** sur nous, les auteurs.
2. **Aristote :** philosophe grec qui, dans la *Poétique*, définit la tragédie. Il
   est repris et commenté par tous les théoriciens du théâtre au XVIIᵉ siècle.
3. **Ces choses-là mieux que moi :** anecdote rapportée par l'auteur grec
   Plutarque.
4. **Libelle :** court écrit satirique.
5. **Que l'on a fait contre moi :** il s'agit de la *Critique de Bérénice* de
   l'abbé Montfaucon de Villars.
6. **Protase :** terme désuet désignant l'exposition.
7. **Entendait :** comprenait.
8. **Catastrophe :** terme désuet désignant le dénouement.
9. **« Multiplicité d'incidents » :** Racine cite Villars.

gédies. Mais je lui pardonne de ne pas savoir les règles du théâtre, puisque, heureusement pour le public, il ne s'applique pas à ce genre d'écrire. Ce que je ne lui pardonne pas, c'est de savoir si peu les règles de la bonne
115 plaisanterie, lui qui ne veut pas dire un mot sans plaisanter. Croit-il réjouir beaucoup les honnêtes gens par ces « "hélas" de poche [1] », ces « mesdemoiselles mes règles [2] », et quantité d'autres basses affectations qu'il trouvera condamnées dans tous les bons auteurs, s'il se
120 mêle jamais de les lire ?

Toutes ces critiques sont le partage de quatre ou cinq petits auteurs infortunés qui n'ont jamais pu par eux-mêmes exciter la curiosité du public. Ils attendent toujours l'occasion de quelque ouvrage qui réussisse, pour
125 l'attaquer, non point par jalousie, car sur quel fondement seraient-ils jaloux ? mais dans l'espérance qu'on se donnera la peine de leur répondre, et qu'on les tirera de l'obscurité où leurs propres ouvrages les auraient laissés toute leur vie.

---

1. « **"Hélas" de poche** » : selon Villars, Antiochus « a toujours un "toutefois" et un "hélas" de poche [c'est-à-dire en poche] pour amuser le théâtre ».
2. « **Mesdemoiselles mes règles** » : autre formule de Villars concernant les règles du théâtre.

PERSONNAGES

TITUS	*empereur de Rome.*
BÉRÉNICE	*reine de Palestine.*
ANTIOCHUS	*roi de Comagène[1].*
PAULIN	*confident de Titus.*
ARSACE	*confident d'Antiochus.*
PHÉNICE	*confidente de Bérénice.*
RUTILE	*Romain.*

Suite de Titus.

La scène est à Rome, dans un cabinet qui est entre l'appartement de Titus et celui de Bérénice.

---

1. **Comagène :** région de la Syrie.

ACTE I

Scène 1

ANTIOCHUS

Arrêtons un moment. La pompe[1] de ces lieux,
Je le vois bien, Arsace, est nouvelle à tes yeux.
Souvent ce cabinet superbe et solitaire
Des secrets de Titus est le dépositaire.
5 C'est ici quelquefois qu'il se cache à sa cour,
Lorsqu'il vient à la reine expliquer[2] son amour.
De son appartement cette porte est prochaine,
Et cette autre conduit dans celui de la reine.
Va chez elle : dis-lui qu'importun à regret,
10 J'ose lui demander un entretien secret.

ARSACE

Vous, Seigneur, importun ? Vous, cet ami fidèle
Qu'un soin si généreux[3] intéresse pour elle ?
Vous, cet Antiochus, son amant[4] autrefois ?
Vous, que l'Orient compte entre ses plus grands rois ?
15 Quoi ! déjà de Titus épouse en espérance,
Ce rang entre elle et vous met-il tant de distance ?

ANTIOCHUS

Va, dis-je : et sans vouloir te charger d'autres soins[5],
Vois si je puis bientôt lui parler sans témoins.

---

1. **Pompe :** caractère magnifique, fastueux.
2. **Expliquer :** faire connaître en détail (sens étymologique).
3. **Généreux :** qui fait preuve de noblesse et de grandeur d'âme.
4. **Amant :** amoureux.
5. **Soins :** ici, soucis, préoccupations.

Scène 2 ANTIOCHUS, *seul*

Hé bien ! Antiochus, es-tu toujours le même ?
Pourrais-je, sans trembler, lui dire : « Je vous aime » ?   20
Mais quoi ! déjà je tremble, et mon cœur agité
Craint autant ce moment que je l'ai souhaité.
Bérénice autrefois m'ôta toute espérance ;
Elle m'imposa même un éternel silence.
Je me suis tu cinq ans ; et jusques à ce jour,   25
D'un voile d'amitié j'ai couvert mon amour.
Dois-je croire qu'au rang où Titus la destine
Elle m'écoute mieux que dans la Palestine ?
Il l'épouse. Ai-je donc attendu ce moment
Pour me venir encor déclarer son amant ?   30
Quel fruit[1] me reviendra d'un aveu téméraire[2] ?
Ah ! puisqu'il faut partir, partons sans lui déplaire,
Retirons-nous, sortons, et, sans nous découvrir[3],
Allons loin de ses yeux l'oublier, ou mourir.
Hé quoi ? souffrir toujours un tourment[4] qu'elle ignore ?   35
Toujours verser des pleurs qu'il faut que je dévore[5] ?
Quoi ? même en la perdant redouter son courroux ?
Belle reine, et pourquoi vous offenseriez-vous ?
Viens-je vous demander que vous quittiez l'empire ?
Que vous m'aimiez ? Hélas ! je ne viens que vous dire   40
Qu'après m'être longtemps flatté[6] que mon rival[7]

---

1. **Fruit :** avantage.
2. **Téméraire :** fait à la légère, imprudent.
3. **Nous découvrir :** dévoiler nos sentiments.
4. **Tourment :** souffrance affective et morale violente.
5. **Dévore :** ravale, retienne.
6. **Se flatter :** se bercer d'illusions, chercher à se tromper en déguisant la vérité.
7. **Mon rival :** Titus.

Trouverait à ses vœux quelque obstacle fatal[1],
Aujourd'hui qu'il peut tout, que votre hymen[2] s'avance,
Exemple[3] infortuné d'une longue constance[4],
45 Après cinq ans d'amour et d'espoir superflus,
Je pars, fidèle encor quand je n'espère plus.
Au lieu de s'offenser, elle pourra me plaindre.
Quoi qu'il en soit, parlons ; c'est assez nous contraindre[5],
Et que peut craindre, hélas ! un amant sans espoir
50 Qui peut bien se résoudre à ne la jamais voir ?

---

1. **Fatal :** voulu par le destin (sens étymologique).
2. **Hymen :** mariage.
3. **Exemple :** se rapporte au sujet « je » (vers 46).
4. **Constance :** persévérance, notamment en ce qui concerne les sentiments.
5. **C'est assez nous contraindre :** j'ai fait assez longtemps l'effort de me taire.

Clefs d'analyse

Acte I, scènes 1 et 2.

Compréhension

▌ Une exposition progressive

- Définir la configuration des lieux évoquée par Antiochus (vers 1 à 10) et le climat qu'elle crée.
- Relever les informations données sur l'action en cours dans ces deux premières scènes.
- L'entrée en scène d'Antiochus
- Définir en quoi l'image d'Antiochus donnée par Arsace et celle donnée par son monologue s'opposent fortement.

Réflexion

▌ Le monologue d'un amoureux qui souffre

- Analyser les manifestations de l'émotion dans la parole d'Antiochus (jeu des pronoms, vocabulaire, ponctuation, interjections, répétitions, effets de versification).
- Le monologue d'un être indécis
- Analyser comment la composition du monologue d'Antiochus met en valeur à la fois la douleur et les craintes de celui-ci.
- Imaginer le jeu de l'acteur interprétant le rôle d'Antiochus (aspect physique, ton, attitude, gestes) et l'impression produite sur le public.

À retenir :

Une exposition de théâtre, parce qu'elle est située au début de la pièce, a pour fonction de présenter l'action et les personnages au public. Elle doit fournir les éléments nécessaires à la compréhension de la situation initiale (protagonistes, époque, lieux, données de l'intrigue). Mais elle doit le faire de manière progressive, naturelle et efficace.

Scène 3 <small>ANTIOCHUS, ARSACE</small>

ANTIOCHUS

Arsace, entrerons-nous ?

ARSACE

            Seigneur, j'ai vu la reine ;
Mais, pour me faire voir, je n'ai percé qu'à peine [1]
Les flots toujours nouveaux d'un peuple adorateur
Qu'attire sur ses pas sa prochaine grandeur.
55 Titus, après huit jours d'une retraite austère,
Cesse enfin de pleurer Vespasien [2] son père.
Cet amant se redonne aux soins de son amour ;
Et, si j'en crois, Seigneur, l'entretien de la cour,
Peut-être avant la nuit l'heureuse Bérénice
60 Change le nom de reine au nom d'impératrice [3].

ANTIOCHUS

Hélas !

ARSACE

      Quoi ! ce discours pourrait-il vous troubler [4] ?

ANTIOCHUS

Ainsi donc sans témoins je ne lui puis parler ?

ARSACE

Vous la verrez, Seigneur ; Bérénice est instruite
Que vous voulez ici la voir seule et sans suite.
65 La reine d'un regard a daigné m'avertir
Qu'à votre empressement elle allait consentir ;
Et sans doute [5] elle attend le moment favorable

---

1. **À peine :** avec peine, difficulté.
2. **Vespasien :** empereur romain (69-79 apr. J.-C.) qui pacifia la Judée et restaura l'Empire romain affaibli par la guerre civile.
3. **Au nom d'impératrice :** en celui d'impératrice.
4. **Troubler :** bouleverser (sens fort chez Racine).
5. **Sans doute :** sans aucun doute.

Pour disparaître aux yeux d'une cour qui l'accable.

ANTIOCHUS

Il suffit. Cependant n'as-tu rien négligé
Des ordres importants dont je t'avais chargé ?   70

ARSACE

Seigneur, vous connaissez ma prompte obéissance.
Des vaisseaux dans Ostie[1] armés en diligence[2],
Prêts à quitter le port de moments en moments[3],
N'attendent pour partir que vos commandements.
Mais qui renvoyez-vous dans votre Comagène ?   75

ANTIOCHUS

Arsace, il faut partir quand j'aurai vu la reine.

ARSACE

Qui doit partir ?

ANTIOCHUS

Moi.

ARSACE

Vous ?

ANTIOCHUS

En sortant du palais,
Je sors de Rome, Arsace, et j'en sors pour jamais[4].

ARSACE

Je suis surpris sans doute, et c'est avec justice.
Quoi ! depuis si longtemps la reine Bérénice   80
Vous arrache, Seigneur, du sein de vos États ;
Depuis trois ans dans Rome elle arrête vos pas ;
Et lorsque cette reine, assurant sa conquête[5],
Vous attend pour témoin de cette illustre fête ;
Quand l'amoureux Titus, devenant son époux,   85

---

1. **Ostie :** port de Rome situé à l'embouchure du Tibre.
2. **En diligence :** rapidement.
3. **De moments en moments :** d'un instant à l'autre.
4. **Pour jamais :** pour toujours.
5. **Sa conquête :** celle de Titus, sur le point de l'épouser.

Lui prépare un éclat qui rejaillit sur vous...

ANTIOCHUS

Arsace, laisse-la jouir de sa fortune[1],
Et quitte un entretien dont le cours m'importune.

ARSACE

Je vous entends[2], Seigneur : ces mêmes dignités
90 Ont rendu Bérénice ingrate à vos bontés.
L'inimitié succède à l'amitié trahie.

ANTIOCHUS

Non, Arsace, jamais je ne l'ai moins haïe.

ARSACE

Quoi donc ? de sa grandeur déjà trop prévenu[3],
Le nouvel empereur vous a-t-il méconnu[4] ?
95 Quelque pressentiment de son indifférence
Vous fait-il loin de Rome éviter sa présence ?

ANTIOCHUS

Titus n'a point pour moi paru se démentir,
J'aurais tort de me plaindre.

ARSACE

　　　　　Et pourquoi donc partir ?
Quel caprice vous rend ennemi de vous-même ?
100 Le ciel met sur le trône un prince qui vous aime,
Un prince qui jadis, témoin de vos combats,
Vous vit chercher la gloire et la mort sur ses pas,
Et de qui la valeur, par vos soins secondée,
Mit enfin sous le joug la rebelle Judée.
105 Il se souvient du jour illustre et douloureux
Qui décida du sort d'un long siège douteux.
Sur leur triple rempart les ennemis tranquilles

---

1. **Fortune :** ici, réussite, succès.
2. **Entends :** comprends.
3. **De sa grandeur déjà trop prévenu :** devançant, anticipant sa grandeur.
4. **Méconnu :** est méconnu celui qui n'est pas reconnu à sa juste valeur.

Contemplaient sans péril nos assauts inutiles ;
Le bélier[1] impuissant les menaçait en vain :
Vous seul, Seigneur, vous seul, une échelle à la main,   110
Vous portâtes la mort jusque sur leurs murailles.
Ce jour presque éclaira vos propres funérailles :
Titus vous embrassa mourant entre mes bras,
Et tout le camp vainqueur pleura votre trépas.
Voici le temps, Seigneur, où vous devez attendre   115
Le fruit de tant de sang qu'ils vous ont vu répandre.
Si, pressé du désir de revoir vos États,
Vous vous lassez de vivre où vous ne régnez pas,
Faut-il que sans honneur l'Euphrate[2] vous revoie ?
Attendez pour partir que César vous renvoie   120
Triomphant et chargé des titres souverains
Qu'ajoute encore aux rois l'amitié des Romains.
Rien ne peut-il, Seigneur, changer votre entreprise ?
Vous ne répondez point.

ANTIOCHUS

        Que veux-tu que je dise ?
J'attends de Bérénice un moment d'entretien.   125

ARSACE

Hé bien, Seigneur ?

ANTIOCHUS

        Son sort décidera du mien.

ARSACE

Comment ?

ANTIOCHUS

        Sur son hymen j'attends qu'elle s'explique.
Si sa bouche s'accorde avec la voix publique[3],
S'il est vrai qu'on l'élève au trône des Césars,
Si Titus a parlé, s'il l'épouse, je pars.   130

---

1. **Bélier :** machine de guerre servant à défoncer les murs et les portes.
2. **L'Euphrate :** fleuve situé au sud de la Comagène.
3. **La voix publique :** la rumeur.

ARSACE

Mais qui[1] rend à vos yeux cet hymen si funeste[2] ?

ANTIOCHUS

Quand nous serons partis, je te dirai le reste.

ARSACE

Dans quel trouble[3], Seigneur, jetez-vous mon esprit !

ANTIOCHUS

La reine vient. Adieu, fais tout ce que j'ai dit.

Scène 4 BÉRÉNICE, ANTIOCHUS, PHÉNICE

BÉRÉNICE

135 Enfin je me dérobe à la joie importune
De tant d'amis nouveaux que me fait la fortune ;
Je fuis de leurs respects l'inutile longueur,
Pour chercher un ami qui me parle du cœur[4].
Il ne faut point mentir, ma juste impatience
140 Vous accusait déjà de quelque négligence.
Quoi ? cet Antiochus, disais-je, dont les soins
Ont eu tout l'Orient et Rome pour témoins ;
Lui, que j'ai vu toujours constant dans mes traverses
Suivre d'un pas égal mes fortunes[5] diverses ;
145 Aujourd'hui que le ciel semble me présager
Un honneur qu'avec vous je prétends partager,
Ce même Antiochus, se cachant à ma vue,
Me laisse à la merci d'une foule inconnue ?

---

1. **Qui :** qu'est-ce qui.
2. **Funeste :** qui inspire le désespoir.
3. **Trouble :** désarroi, état de confusion mentale.
4. **Du cœur :** sincèrement.
5. **Mes fortunes :** tout ce qui advient de malheureux ou d'heureux dans la vie.

ANTIOCHUS

Il est[1] donc vrai, Madame ? Et, selon ce discours,
L'hymen va succéder à vos longues amours ?   150

BÉRÉNICE

Seigneur, je vous veux bien[2] confier mes alarmes[3] :
Ces jours ont vu mes yeux baignés de quelques larmes ;
Ce long deuil que Titus imposait à sa cour
Avait même en secret suspendu son amour ;
Il n'avait plus pour moi cette ardeur assidue   155
Lorsqu'il passait[4] les jours attaché sur ma vue.
Muet, chargé de soins et les larmes aux yeux,
Il ne me laissait plus que de tristes adieux.
Jugez de ma douleur, moi dont l'ardeur extrême,
Je vous l'ai dit cent fois, n'aime en lui que lui-même ;   160
Moi qui, loin des grandeurs dont il est revêtu,
Aurais choisi son cœur et cherché sa vertu[5].

ANTIOCHUS

Il a repris pour vous sa tendresse première ?

BÉRÉNICE

Vous fûtes spectateur de cette nuit dernière,
Lorsque, pour seconder ses soins religieux,   165
Le sénat a placé son père entre les dieux[6].
De ce juste devoir sa piété contente[7]
A fait place, Seigneur, au soin de son amante ;
Et même en ce moment, sans qu'il m'en ait parlé,
Il est dans le sénat, par son ordre assemblé.   170
Là, de la Palestine il étend la frontière ;
Il y joint l'Arabie et la Syrie entière ;

---

1. **Il est :** c'est.
2. **Je vous veux bien :** je veux bien vous.
3. **Alarmes :** angoisses, inquiétudes.
4. **Lorsqu'il passait :** qu'il avait lorsqu'il passait.
5. **Vertu :** valeur morale résultant de la force d'âme et du courage.
6. **Entre les dieux :** il s'agit de l'apothéose de l'empereur défunt, c'est-à-dire de son élévation au rang des dieux.
7. **Contente :** satisfaite.

39

Et, si de ses amis j'en dois croire la voix,
Si j'en crois ses serments redoublés mille fois,
175 Il va sur tant d'États couronner Bérénice,
Pour joindre à plus de noms le nom d'impératrice.
Il m'en viendra lui-même assurer en ce lieu.

ANTIOCHUS

Et je viens donc vous dire un éternel adieu.

BÉRÉNICE

Que dites-vous ? Ah ! ciel ! quel adieu ! quel langage !
180 Prince, vous vous troublez et changez de visage !

ANTIOCHUS

Madame, il faut partir.

BÉRÉNICE

      Quoi ? Ne puis-je savoir
Quel sujet...

ANTIOCHUS *(à part)*.

   Il fallait partir sans la revoir.

BÉRÉNICE

Que craignez-vous ? Parlez, c'est trop longtemps se taire.
Seigneur, de ce départ quel est donc le mystère ?

ANTIOCHUS

185 Au moins souvenez-vous que je cède à vos lois [1],
Et que vous m'écoutez pour la dernière fois.
Si, dans ce haut degré de gloire et de puissance,
Il vous souvient des lieux où vous prîtes naissance,
Madame, il vous souvient que mon cœur en ces lieux
190 Reçut le premier trait [2] qui partit de vos yeux :
J'aimai. J'obtins l'aveu [3] d'Agrippa [4] votre frère,
Il vous parla pour moi. Peut-être sans colère

---

1. **Vos lois :** vos ordres.
2. **Trait :** flèche (métaphore galante pour le regard).
3. **Aveu :** consentement.
4. **Agrippa :** frère de Bérénice allié aux Romains.

Alliez-vous de mon cœur recevoir le tribut[1] ;
Titus, pour mon malheur, vint, vous vit et vous plut.
Il parut devant vous dans tout l'éclat d'un homme   195
Qui porte entre ses mains la vengeance de Rome.
La Judée en pâlit. Le triste Antiochus
Se compta le premier au nombre des vaincus.
Bientôt, de mon malheur interprète sévère[2],
Votre bouche à la mienne ordonna de se taire.   200
Je disputai[3] longtemps, je fis parler mes yeux ;
Mes pleurs et mes soupirs vous suivaient en tous lieux.
Enfin votre rigueur emporta la balance[4] ;
Vous sûtes m'imposer l'exil ou le silence.
Il fallut le[5] promettre, et même le jurer.   205
Mais, puisqu'en ce moment j'ose me déclarer,
Lorsque vous m'arrachiez cette injuste promesse,
Mon cœur faisait serment de vous aimer sans cesse.

BÉRÉNICE

Ah ! que me dites-vous ?

ANTIOCHUS

            Je me suis tu cinq ans,
Madame, et vais encor me taire plus longtemps.   210
De mon heureux rival j'accompagnai les armes ;
J'espérai de verser mon sang après mes larmes,
Ou qu'au moins, jusqu'à vous porté par mille exploits,
Mon nom[6] pourrait parler, au défaut[7] de ma voix.
Le ciel sembla promettre une fin à ma peine :   215
Vous pleurâtes ma mort, hélas ! trop peu certaine.
Inutiles périls ! Quelle était mon erreur !

---

1. **Tribut :** don.
2. **De mon malheur interprète sévère :** éclairant cruellement les raisons de mon malheur.
3. **Disputai :** disputer signifie hésiter, examiner une question, en débattre.
4. **Emporta la balance :** imposa sa décision, mettant fin aux hésitations.
5. **Le :** le silence.
6. **Nom :** renom.
7. **Au défaut :** à défaut.

La valeur de Titus surpassait ma fureur[1].
Il faut qu'à sa vertu mon estime réponde.
220 Quoique attendu, Madame, à[2] l'empire du monde,
Chéri de l'univers, enfin aimé de vous,
Il semblait à lui seul appeler[3] tous les coups,
Tandis que, sans espoir, haï, lassé de vivre,
Son malheureux rival ne semblait que le suivre.
225 Je vois que votre cœur m'applaudit en secret :
Je vois que l'on[4] m'écoute avec moins de regret,
Et que, trop attentive à ce récit funeste,
En faveur de Titus vous pardonnez le reste[5].
Enfin, après un siège aussi cruel que lent,
230 Il dompta les mutins[6], reste pâle et sanglant
Des flammes, de la faim, des fureurs intestines[7],
Et laissa leurs remparts cachés sous leurs ruines.
Rome vous vit, Madame, arriver avec lui.
Dans l'Orient désert quel devint mon ennui[8] !
235 Je demeurai longtemps errant dans Césarée[9],
Lieux charmants[10] où mon cœur vous avait adorée.
Je vous redemandais à vos tristes États ;
Je cherchais en pleurant les traces de vos pas.
Mais enfin, succombant à ma mélancolie,
240 Mon désespoir tourna mes pas vers l'Italie ;
Le sort m'y réservait le dernier de ses coups :
Titus en m'embrassant m'amena devant vous.
Un voile d'amitié vous trompa l'un et l'autre,

---

1. **Fureur :** ici, acharnement au combat guerrier.
2. **Attendu...à :** appelé à, destiné à.
3. **Appeler :** attirer sur lui.
4. **L'on :** vous.
5. **Le reste :** le reste du récit, c'est-à-dire la déclaration d'amour.
6. **Mutins :** rebelles.
7. **Fureurs intestines :** violentes discordes internes.
8. **Ennui :** tourment, souffrance morale intense.
9. **Césarée :** ville de Palestine sur la Méditerranée, résidence du procurateur romain. Racine en fait la capitale du royaume de Bérénice.
10. **Charmants :** qui charment, ensorcellent.

Et mon amour devint le confident du vôtre.
Mais toujours quelque espoir flattait mes déplaisirs[1].   245
Rome, Vespasien traversaient[2] vos soupirs[3].
Après tant de combats, Titus cédait peut-être.
Vespasien est mort, et Titus est le maître.
Que ne fuyais-je alors ! J'ai voulu quelques jours
De son nouvel empire examiner le cours[4].   250
Mon sort est accompli. Votre gloire s'apprête.
Assez d'autres, sans moi, témoins de cette fête,
À vos heureux transports[5] viendront joindre les leurs ;
Pour moi, qui ne pourrais y mêler que des pleurs,
D'un inutile amour trop constante victime,   255
Heureux dans mes malheurs d'en avoir pu sans crime[6]
Conter toute l'histoire aux yeux qui les ont faits,
Je pars plus amoureux que je ne fus jamais.

Bérénice

Seigneur, je n'ai pas cru[7] que, dans une journée
Qui doit avec César[8] unir ma destinée,   260
Il fût quelque mortel qui pût impunément
Se venir à mes yeux déclarer mon amant.
Mais de mon amitié mon silence est un gage :
J'oublie en sa faveur un discours qui m'outrage.
Je n'en ai point troublé le cours injurieux ;   265
Je fais plus : à regret je reçois vos adieux.
Le ciel sait qu'au milieu des honneurs qu'il m'envoie,
Je n'attendais que vous pour témoin de ma joie.

---

1. **Flattait mes déplaisirs :** me trompait, me berçait d'illusions dans mon malheur.
2. **Traversaient :** contrariaient.
3. **Soupirs :** manifestations d'amour.
4. **Cours :** déroulement.
5. **Heureux transports :** manifestations passionnées de joie.
6. **Sans crime :** sans commettre de faute à l'égard de Bérénice.
7. **Je n'ai pas cru :** je n'aurais pas cru.
8. **César :** titre officiel porté par les empereurs romains.

Avec tout l'univers j'honorais vos vertus[1].
270 Titus vous chérissait, vous admiriez Titus.
Cent fois je me suis fait une douceur extrême
D'entretenir Titus dans un autre lui-même[2].

ANTIOCHUS

Et c'est ce que je fuis. J'évite, mais trop tard,
Ces cruels entretiens où je n'ai point de part.
275 Je fuis Titus. Je fuis ce nom qui m'inquiète[3],
Ce nom qu'à tous moments votre bouche répète.
Que vous dirai-je enfin ? Je fuis des yeux distraits
Qui, me voyant toujours, ne me voyaient jamais.
Adieu. Je vais, le cœur trop plein de votre image,
280 Attendre, en vous aimant, la mort pour mon partage.
Surtout ne craignez point qu'une aveugle douleur
Remplisse l'univers du bruit[4] de mon malheur,
Madame ; le seul bruit d'une mort que j'implore
Vous fera souvenir que je vivais encore.
285 Adieu.

Scène 5 BÉRÉNICE, PHÉNICE

PHÉNICE

Que je le plains ! Tant de fidélité,
Madame, méritait plus de prospérité.
Ne le plaignez-vous pas ?

BÉRÉNICE

Cette prompte retraite
Me laisse, je l'avoue, une douleur secrète.

---

1. **Vos vertus** : vos qualités morales.
2. **M'inquiète** : me tourmente (sens fort).
3. **Un autre lui-même** : il s'agit d'Antiochus, *alter ego* de Titus.
4. **Bruit** : rumeur, nouvelle.

PHÉNICE

Je l'aurais retenu.

BÉRÉNICE

Qui ? moi ? le retenir ?

J'en[1] dois perdre plutôt jusques au souvenir.   290
Tu veux donc que je flatte une ardeur insensée ?

PHÉNICE

Titus n'a point encore expliqué sa pensée.
Rome vous voit, Madame, avec des yeux jaloux[2] ;
La rigueur de ses lois m'épouvante pour vous :
L'hymen chez les Romains n'admet qu'une Romaine ;   295
Rome hait tous les rois, et Bérénice est reine.

BÉRÉNICE

Le temps n'est plus, Phénice, où je pouvais trembler.
Titus m'aime, il peut tout, il n'a plus qu'à parler.
Il verra le sénat m'apporter ses hommages,
Et le peuple de fleurs couronner ses images[3].   300
De cette nuit, Phénice, as-tu vu la splendeur ?
Tes yeux ne sont-ils pas tout pleins de sa grandeur ?
Ces flambeaux, ce bûcher[4], cette nuit enflammée,
Ces aigles[5], ces faisceaux[6], ce peuple, cette armée,
Cette foule de rois, ces consuls, ce sénat,   305
Qui tous de mon amant empruntaient leur éclat ;
Cette pourpre[7], cet or, que rehaussait sa gloire,
Et ces lauriers encor témoins de sa victoire ;

---

1. **En :** au XVIIᵉ siècle, ce pronom peut désigner une personne.
2. **Jaloux :** hostiles.
3. **Images :** portraits.
4. **Bûcher :** le bûcher de l'apothéose, où l'on brûlait le corps de l'empereur défunt.
5. **Aigles :** enseignes militaires romaines.
6. **Faisceaux :** à Rome, verges au milieu desquelles se trouvait une hache, liées par une courroie de cuir rouge ; symbole de la puissance légale.
7. **Pourpre :** couleur rouge qui est ici symbole du pouvoir impérial (c'est la couleur du manteau de l'empereur).

Tous ces yeux qu'on voyait venir de toutes parts
310 Confondre sur lui seul leurs avides regards ;
Ce port majestueux, cette douce présence.
Ciel ! avec quel respect et quelle complaisance
Tous les cœurs en secret l'assuraient de leur foi[1] !
Parle : peut-on le voir sans penser, comme moi,
315 Qu'en quelque obscurité que le sort l'eût fait naître,
Le monde en le voyant eût reconnu son maître ?
Mais, Phénice, où m'emporte un souvenir charmant ?
Cependant Rome entière, en ce même moment,
Fait des vœux pour Titus, et par des sacrifices,
320 De son règne naissant célèbre les prémices[2].
Que tardons-nous ? Allons, pour son empire heureux[3],
Au ciel qui le protège offrir aussi nos vœux.
Aussitôt, sans l'attendre, et sans être attendue,
Je reviens le chercher, et dans cette entrevue
325 Dire tout ce qu'aux cœurs l'un de l'autre contents
Inspirent des transports retenus si longtemps.

---

1. **Foi** : fidélité.
2. **Prémices** : commencements.
3. **Pour son empire heureux** : pour le bonheur de son empire.

Clefs d'analyse

Acte I, scène 5.

Compréhension

> La valeur prémonitoire
> des inquiétudes de Phénice

- Quels nouveaux renseignements donnés par Phénice viennent compléter l'exposition ?
- Définir le double intérêt psychologique et dramatique de cette scène.

> L'aveuglement de Bérénice,
> qui refuse d'entendre les conseils
> et les avertissements de sa confidente

- Expliquer comment Bérénice réagit aux propos de Phénice, qui s'inquiète de l'optimisme prématuré et excessif de sa maîtresse (commenter notamment les vers 289-291 et 297-300)

Réflexion

> Le déploiement du lyrisme amoureux

- Analyser l'évocation lyrique de Titus par Bérénice.

> Une hypotypose particulièrement efficace

- Dans la tirade de Bérénice (vers 301-316), analyser les procédés descriptifs qui font de son récit une véritable hypotypose, c'est-à-dire un tableau tellement vivant que ce qui est décrit semble se passer sous les yeux du spectateur.

À retenir :

Le texte théâtral se caractérise par la double énonciation : sur scène, les personnages dialoguent entre eux comme s'il n'y avait pas de public, mais leurs paroles s'adressent en fait également au spectateur. À travers le discours de ses personnages, l'auteur informe son public et peut ainsi établir entre eux une certaine connivence. La double énonciation rend possible l'ironie tragique, qui réside dans le décalage entre l'ignorance du héros – qui ne discerne pas la menace qui pèse sur lui – et les informations dont dispose le spectateur.

Synthèse Acte I

L'efficacité dramatique de l'acte d'exposition

Personnages

Un système de personnages inattendu qui suscite l'intérêt du spectateur

Dans le premier acte, Racine pique la curiosité du spectateur par différents moyens. Tout d'abord, l'exposition n'est pas complète à la fin de l'acte : seuls les points de vue d'Antiochus et de Bérénice ont été dévoilés au spectateur. Il manque celui de Titus, sans lequel l'action ne peut pas se nouer clairement.

Ensuite, la présentation des personnages et leur situation hiérarchique dans le système dramatique ne correspondent pas à ce que pouvait attendre le spectateur. En premier lieu, Bérénice paraît sûre d'elle et de son bonheur tout proche ; rien d'inattendu ne semble pouvoir lui arriver. Or, puisqu'elle est le personnage-titre de la pièce, elle est sans doute appelée à un rôle dramatique essentiel, mais le spectateur ne sait pas encore lequel. Par ailleurs, Antiochus est présent dans quatre scènes sur cinq, ce qui semble faire de lui un personnage important. Pourtant, il annonce son intention de partir sur-le-champ, sans espoir de retour. Enfin, Titus, omniprésent dans la bouche de tous les personnages – et pas seulement de Bérénice –, est absent.

Langage

L'impossible communication entre les êtres

L'acte d'exposition met en scène l'incompréhension et l'absence de communication entre des personnages qui ne sont jamais dans la même logique. Ceux-ci apparaissent enfermés chacun dans leur propre univers mental, incapables de communiquer avec l'autre, qu'ils n'entendent pas vraiment ou dont ils interprètent mal les paroles. La plupart des scènes reposent ainsi sur l'échec de la communication. Les scènes 1 et 3 montrent

Synthèse Acte I, scène 5.

l'incompréhension qui règne entre Antiochus et son confident Arsace. La scène 4 se présente comme un dialogue entre Antiochus et Bérénice. Mais c'est en réalité un faux dialogue, dans la mesure où aucun des deux n'écoute véritablement l'autre : tandis que l'un est tout entier occupé par son bonheur tout proche, l'autre reste totalement accaparé par son propre drame. Enfin, la dernière scène de l'acte montre à quel point Bérénice reste sourde aux avertissements et aux paroles pleines de bon sens de Phénice.

Société

Les éléments de comparaison entre la cour de Titus et celle de Louis XIV

Le premier thème incitant à comparer les figures de Titus et de Louis XIV est celui de la transmission héréditaire du pouvoir. Dans la pièce, Titus succède à son père : Bérénice évoque dans la même tirade (I, 5) l'apothéose de Vespasien (cérémonie funèbre qui place l'empereur au rang des dieux) et les hommages rendus à un Titus triomphant et auréolé de gloire. Nul doute que, pour les contemporains de Racine, la figure de Titus rappelle celle de Louis XIV, proclamé roi dès la mort de Louis XIII, en dépit de son jeune âge (il a à peine cinq ans en 1643), et sacré à Reims dès 1654. En outre, l'apparition triomphale de Titus rapportée par Bérénice n'est pas sans rappeler le Roi-Soleil, qui aime mettre en scène la gloire royale.

Le second thème autorisant le parallèle entre la cour de Titus et celle de Louis XIV est celui de l'atmosphère oppressante qui y règne. Comme à l'époque de Titus, la vie à la cour de Louis XIV se caractérise par la hiérarchie très stricte qui règle les rapports entre ses membres et qui fixe des distances infranchissables entre des personnes n'étant pas du même rang. Elle est dominée par les intrigues et les flatteries des courtisans, soucieux d'avoir la faveur des plus puissants. Enfin, elle est toujours en butte aux rumeurs, aux regards et aux commentaires publics.

ACTE II
Scène 1

TITUS

A-t-on vu de ma part le roi de Comagène ?
Sait-il que je l'attends ?

PAULIN

J'ai couru chez la reine.
Dans son appartement ce prince avait paru ;
330 Il en était sorti lorsque j'y suis couru ;
De vos ordres, Seigneur, j'ai dit qu'on l'avertisse.

TITUS

Il suffit. Et que fait la reine Bérénice ?

PAULIN

La reine, en ce moment, sensible à vos bontés,
Charge le ciel de vœux pour vos prospérités.
335 Elle sortait, Seigneur.

TITUS

Trop aimable princesse !
Hélas !

PAULIN

En sa faveur d'où naît cette tristesse ?
L'Orient presque entier va fléchir sous sa loi :
Vous la plaignez ?

TITUS

Paulin, qu'on vous laisse avec moi.

Scène 2 TITUS, PAULIN

TITUS

Hé bien, de mes desseins Rome encore incertaine
340 Attend que[1] deviendra le destin de la reine,
Paulin ; et les secrets de son cœur et du mien

---

1. **Que :** ce que.

Sont de tout l'univers devenus l'entretien.
Voici le temps enfin qu'il faut[1] que je m'explique.
De la reine et de moi que dit la voix publique ?
Parlez : qu'entendez-vous ?   345

PAULIN

                    J'entends de tous côtés
Publier vos vertus[2], Seigneur, et ses beautés.

TITUS

Que dit-on des soupirs que je pousse pour elle ?
Quel succès[3] attend-on d'un amour si fidèle ?

PAULIN

Vous pouvez tout : aimez, cessez d'être amoureux,
La cour sera toujours du parti de vos vœux.   350

TITUS

Et je l'ai vue aussi cette cour peu sincère,
À ses maîtres toujours trop soigneuse de plaire,
Des crimes de Néron approuver les horreurs ;
Je l'ai vue à genoux consacrer[4] ses fureurs[5].
Je ne prends point pour juge une cour idolâtre,   355
Paulin : je me propose un plus noble théâtre[6],
Et, sans prêter l'oreille à la voix des flatteurs,
Je veux par votre bouche entendre tous les cœurs.
Vous me l'avez promis. Le respect et la crainte
Ferment autour de moi le passage à la plainte ;   360
Pour mieux voir, cher Paulin, et pour entendre mieux,
Je vous ai demandé des oreilles, des yeux ;
J'ai mis même à ce prix mon amitié secrète :
J'ai voulu que des cœurs vous fussiez l'interprète ;
Qu'au travers des flatteurs votre sincérité   365
Fît toujours jusqu'à moi passer la vérité.

---

1. **Qu'il faut :** où il faut.
2. **Publier vos vertus :** vos qualités louées publiquement.
3. **Succès :** issue, résultat.
4. **Consacrer :** rendre honorable, respectable.
5. **Fureurs :** excès.
6. **Théâtre :** métaphore qui fait de la vie de l'empereur une représentation.

Parlez donc. Que faut-il que Bérénice espère ?
Rome lui sera-t-elle indulgente ou sévère ?
Dois-je croire qu'assise au trône des Césars
370 Une si belle reine offensât ses regards ?

PAULIN

N'en doutez point, Seigneur. Soit raison, soit caprice,
Rome ne l'attend point pour son impératrice.
On sait qu'elle est charmante ; et de si belles mains
Semblent vous demander l'empire des humains ;
375 Elle a même, dit-on, le cœur d'une Romaine ;
Elle a mille vertus. Mais, Seigneur, elle est reine.
Rome, par une loi qui ne se peut changer,
N'admet avec son sang aucun sang étranger
Et ne reconnaît point les fruits illégitimes
380 Qui naissent d'un hymen contraire à ses maximes[1].
D'ailleurs, vous le savez, en bannissant ses rois,
Rome à ce nom, si noble et si saint autrefois,
Attacha pour jamais une haine puissante ;
Et quoiqu'à ses Césars fidèle[2], obéissante,
385 Cette haine, Seigneur, reste de sa fierté,
Survit dans tous les cœurs après la liberté[3].
Jules, qui le premier la soumit à ses armes,
Qui fit taire les lois dans le bruit des alarmes,
Brûla pour Cléopâtre[4], et, sans se déclarer,
390 Seule dans l'Orient la laissa soupirer.
Antoine, qui l'aima jusqu'à l'idolâtrie,
Oublia dans son sein sa gloire et sa patrie,
Sans oser toutefois se nommer son époux :
Rome l'alla chercher jusques à ses genoux
395 Et ne désarma point sa fureur vengeresse

---

1. **Ses maximes :** ses traditions.
2. **Quoiqu'à ses Césars fidèle :** quoique Rome soit fidèle à ses empereurs.
3. **Après la liberté :** depuis la fin du régime républicain, fondé sur la notion de liberté.
4. **Cléopâtre :** l'empereur Jules César fut l'amant de Cléopâtre, reine d'Égypte.

Qu'elle n'eût accablé l'amant et la maîtresse [1].
Depuis ce temps, Seigneur, Caligula [2], Néron [3],
Monstres dont à regret je cite ici le nom,
Et qui, ne conservant que la figure d'homme,
Foulèrent à leurs pieds toutes les lois de Rome,   400
Ont craint cette loi seule, et n'ont point à nos yeux
Allumé le flambeau [4] d'un hymen odieux.
Vous m'avez commandé surtout d'être sincère.
De l'affranchi Pallas [5] nous avons vu le frère [6],
Des fers [7] de Claudius Félix encor flétri,   405
De deux reines, Seigneur, devenir le mari [8] ;
Et, s'il faut jusqu'au bout que je vous obéisse,
Ces deux reines étaient du sang de Bérénice.
Et vous croiriez pouvoir, sans blesser nos regards,
Faire entrer une reine au lit de nos Césars,   410
Tandis que l'Orient dans le lit de ses reines
Voit passer un esclave au sortir de nos chaînes ?
C'est ce que les Romains pensent de votre amour :
Et je ne réponds pas [9], avant la fin du jour,
Que le sénat, chargé des vœux de tout l'Empire,   415
Ne vous redise ici ce que je viens de dire ;
Et que Rome avec lui, tombant à vos genoux,
Ne vous demande un choix digne d'elle et de vous.

---

1. **L'amant et la maîtresse :** Antoine fut l'amant de Cléopâtre ; vaincus par Octave, le futur empereur Auguste, ils se suicidèrent.
2. **Caligula :** empereur romain fou, qui fut assassiné.
3. **Néron :** après des débuts heureux, il régna en tyran à moitié fou ; il finit par se suicider.
4. **Flambeau :** allusion aux torches que l'on allumait dans l'Antiquité lors des mariages.
5. **L'affranchi Pallas :** un affranchi est un ancien esclave qui a obtenu la liberté. Pallas, favori de l'empereur Claude (Claudius), connut une ascension sociale fulgurante.
6. **Le frère :** Félix, frère de Pallas, était aussi l'affranchi de Claude.
7. **Des fers :** par les chaînes.
8. **Mari :** Félix épousa en premières noces Drusilla, petite-fille d'Antoine et de Cléopâtre, puis une autre Drusilla, fille d'Agrippa Ier.
9. **Je ne réponds pas :** je ne garantis pas.

Vous pouvez préparer, Seigneur, votre réponse.

TITUS

420 Hélas ! à quel amour on veut que je renonce !

PAULIN

Cet amour est ardent, il le faut confesser.

TITUS

Plus ardent mille fois que tu ne peux penser,
Paulin. Je me suis fait un plaisir nécessaire
De la voir chaque jour, de l'aimer, de lui plaire.
425 J'ai fait plus. Je n'ai rien de secret à tes yeux :
J'ai pour elle cent fois rendu grâces aux dieux
D'avoir choisi mon père au fond de l'Idumée[1],
D'avoir rangé sous lui l'Orient et l'armée,
Et, soulevant encor le reste des humains,
430 Remis Rome sanglante en ses paisibles mains.
J'ai même souhaité la place de mon père,
Moi, Paulin, qui cent fois, si le sort moins sévère
Eût voulu de sa vie étendre les liens[2],
Aurais donné mes jours pour prolonger les siens :
435 Tout cela (qu'un amant sait mal ce qu'il désire !)
Dans l'espoir d'élever Bérénice à l'empire,
De reconnaître[3] un jour son amour et sa foi,
Et de voir à ses pieds tout le monde avec moi.
Malgré tout mon amour, Paulin, et tous ses charmes,
440 Après mille serments appuyés de mes larmes,
Maintenant que je puis couronner tant d'attraits,
Maintenant que je l'aime encor plus que jamais,
Lorsqu'un heureux hymen, joignant nos destinées,
Peut payer[4] en un jour les vœux de cinq années,
445 Je vais, Paulin... Ô ciel ! puis-je le déclarer ?

---

1. **L'Idumée :** contrée de la Palestine, au sud de la Judée, où Vespasien
fut proclamé empereur.
2. **De sa vie étendre les liens :** prolonger sa vie.
3. **Reconnaître :** témoigner ma reconnaissance pour.
4. **Payer :** exaucer, réaliser.

PAULIN

Quoi, Seigneur ?

TITUS

        Pour jamais je vais m'en séparer.
Mon cœur en ce moment[1] ne vient pas de se rendre.
Si je t'ai fait parler, si j'ai voulu t'entendre,
Je voulais que ton zèle achevât en secret
De confondre[2] un amour qui se tait à regret.   450
Bérénice a longtemps balancé la victoire[3] ;
Et si je penche enfin du côté de ma gloire,
Crois qu'il m'en a coûté, pour vaincre tant d'amour,
Des combats dont mon cœur saignera plus d'un jour.
J'aimais, je soupirais dans une paix profonde :   455
Un autre était chargé de l'empire du monde.
Maître de mon destin, libre de mes soupirs,
Je ne rendais qu'à moi compte de mes désirs.
Mais à peine le ciel eut rappelé mon père,
Dès que ma triste main eut fermé sa paupière,   460
De mon aimable erreur[4] je fus désabusé :
Je sentis le fardeau qui m'était imposé ;
Je connus[5] que bientôt, loin d'être à ce que j'aime,
Il fallait, cher Paulin, renoncer à moi-même ;
Et que le choix des dieux, contraire à mes amours,   465
Livrait à l'univers le reste de mes jours.
Rome observe aujourd'hui ma conduite nouvelle.
Quelle honte pour moi, quel présage pour elle,
Si dès le premier pas, renversant tous ses droits,
Je fondais mon bonheur sur le débris des lois[6] !   470

---

1. **En ce moment :** à ce moment précis.
2. **Confondre :** réduire au silence.
3. **A longtemps balancé la victoire :** a longtemps failli l'emporter (a longtemps fait pencher la balance de son côté).
4. **Aimable erreur :** erreur si agréable.
5. **Connus :** reconnus.
6. **Sur le débris des lois :** sur le non-respect des lois, bafouées et réduites à néant.

Résolu d'accomplir ce cruel sacrifice,
J'y voulus préparer la triste Bérénice ;
Mais par où commencer ? Vingt fois, depuis huit jours,
J'ai voulu devant elle en ouvrir le discours ;
475 Et, dès le premier mot, ma langue embarrassée
Dans ma bouche vingt fois a demeuré glacée.
J'espérais que du moins mon trouble et ma douleur
Lui ferait pressentir notre commun malheur ;
Mais sans me soupçonner, sensible à mes alarmes,
480 Elle m'offre sa main pour essuyer mes larmes,
Et ne prévoit rien moins dans cette obscurité[1]
Que la fin d'un amour qu'elle a trop mérité.
Enfin j'ai ce matin rappelé ma constance :
Il faut la voir, Paulin, et rompre le silence.
485 J'attends Antiochus pour lui recommander
Ce dépôt précieux que je ne puis garder :
Jusque dans l'Orient je veux qu'il la remeine[2].
Demain Rome avec lui verra partir la reine.
Elle en sera bientôt instruite par ma voix ;
490 Et je vais lui parler pour la dernière fois.

PAULIN

Je n'attendais pas moins de cet amour de gloire
Qui partout après vous attacha la victoire.
La Judée asservie[3] et ses remparts fumants,
De cette noble ardeur éternels monuments,
495 Me répondaient assez que votre grand courage
Ne voudrait pas, Seigneur, détruire son ouvrage ;
Et qu'un héros vainqueur de tant de nations
Saurait bien, tôt ou tard, vaincre ses passions.

TITUS

Ah ! que sous de beaux noms cette gloire est cruelle !
500 Combien mes tristes yeux la trouveraient plus belle,

---

1. **Obscurité :** ignorance.
2. **Remeine :** ramène.
3. **La Judée asservie :** l'asservissement de la Judée.

S'il ne fallait encor qu'affronter le trépas !
Que dis-je ? Cette ardeur que j'ai pour ses appas[1],
Bérénice en mon sein l'a jadis allumée.
Tu ne l'ignores pas : toujours la renommée
Avec le même éclat n'a pas semé mon nom[2] ;   505
Ma jeunesse, nourrie à la cour de Néron[3],
S'égarait, cher Paulin, par l'exemple abusée,
Et suivait du plaisir la pente trop aisée.
Bérénice me plut. Que ne fait point un cœur
Pour plaire à ce qu'il aime et gagner son vainqueur[4] ?   510
Je prodiguai mon sang ; tout fit place à mes armes.
Je revins triomphant. Mais le sang et les larmes
Ne me suffisaient pas pour mériter ses vœux[5].
J'entrepris le bonheur de mille malheureux.
On vit de toutes parts mes bontés se répandre :   515
Heureux, et plus heureux que tu ne peux comprendre,
Quand je pouvais paraître à ses yeux satisfaits
Chargé de mille cœurs conquis par mes bienfaits.
Je lui dois tout, Paulin. Récompense cruelle !
Tout ce que je lui dois va retomber sur elle.   520
Pour prix[6] de tant de gloire et de tant de vertus,
Je lui dirai : « Partez, et ne me voyez plus. »

PAULIN

Hé quoi ! Seigneur, hé quoi ! cette magnificence
Qui va jusqu'à l'Euphrate étendre sa puissance,
Tant d'honneurs, dont l'excès a surpris le sénat,   525
Vous laissent-ils encor craindre le nom d'ingrat ?
Sur cent peuples nouveaux Bérénice commande.

---

1. **Ses appas :** il s'agit des charmes, des attraits de la gloire.
2. **Toujours la renommée avec le même éclat n'a pas semé mon nom :**
   la renommée n'a pas toujours répandu mon nom avec un tel éclat.
3. **Nourrie à la cour de Néron :** selon Suétone, Titus fut élevé à la cour
   de Néron, où il passa une jeunesse dissipée.
4. **Son vainqueur :** il s'agit de Bérénice, qui a su vaincre le cœur de Titus.
5. **Ses vœux :** son souhait d'être aimé de moi.
6. **Pour prix :** comme récompense.

TITUS

Faibles amusements[1] d'une douleur si grande !
Je connais Bérénice et ne sais que trop bien
530 Que son cœur n'a jamais demandé que le mien.
Je l'aimai, je lui plus. Depuis cette journée
(Dois-je dire funeste, hélas ! ou fortunée ?),
Sans avoir en aimant d'objet que[2] son amour,
Étrangère dans Rome, inconnue à la cour,
535 Elle passe ses jours, Paulin, sans rien prétendre[3]
Que quelque heure à me voir, et le reste à m'attendre.
Encor si quelquefois un peu moins assidu
Je passe[4] le moment où je suis attendu,
Je la revois bientôt de pleurs toute trempée.
540 Ma main à les sécher est longtemps occupée.
Enfin tout ce qu'amour a de nœuds plus puissants,
Doux reproches, transports sans cesse renaissants,
Soin de plaire sans art[5], crainte toujours nouvelle,
Beauté, gloire, vertu, je trouve tout en elle.
545 Depuis cinq ans entiers chaque jour je la vois,
Et crois toujours la voir pour la première fois.
N'y songeons plus. Allons, cher Paulin : plus j'y pense,
Plus je sens chanceler ma cruelle constance.
Quelle nouvelle, ô ciel ! je lui vais annoncer[6] !
550 Encore un coup[7], allons, il n'y faut plus penser.
Je connais mon devoir, c'est à moi de le suivre :
Je n'examine point si j'y pourrai survivre.

---

1. **Faibles amusements :** distractions trompeuses.
2. **D'objet que :** d'autre objet que.
3. **Prétendre :** réclamer, revendiquer.
4. **Passe :** dépasse.
5. **Sans art :** sans artifice.
6. **Je lui vais annoncer :** je vais lui annoncer.
7. **Encore un coup :** encore une fois.

Clefs d'analyse

Acte II, scène 2.

Compréhension

L'entrée en scène de Titus

- Relever les éléments qui viennent compléter l'exposition.
- L'entrée en scène de Titus correspond-elle à l'attente du spectateur ?

Le dialogue entre Titus et son confident

- Observer les étapes argumentatives par lesquelles Titus incite Paulin à s'exprimer en toute sincérité.

Réflexion

Paulin, porte-parole de Rome (vers 371-419)

- Analyser comment est construite la tirade de Paulin et les différents types d'arguments auxquels il a recours (arguments d'ordre politique, historique et moral) pour convaincre Titus.

Titus, l'homme d'État amoureux

- Analyser comment chacune des quatre tirades de Titus, écartelé entre un passé heureux et un présent déchirant, est structurée par l'opposition forte entre d'une part l'épanchement lyrique et d'autre part l'affirmation d'une décision catégorique et irrévocable.

À retenir :

La tragédie classique présente au public une situation inextricable et fatale (au sens étymologique : fatum signifie en latin « destin »), au sein de laquelle s'opposent des passions contraires, comme par exemple l'amour et l'ambition politique. Les personnages sont confrontés à des forces qui les dépassent, qu'elles soient extérieures (la loi romaine, l'opinion publique) ou intérieures (la conscience du devoir). Le héros se retrouve ainsi écartelé entre deux exigences inconciliables : c'est le conflit tragique.

Scène 3 TITUS, PAULIN, RUTILE

RUTILE

Bérénice, Seigneur, demande à vous parler.

TITUS

Ah ! Paulin !

PAULIN

Quoi ! déjà vous semblez reculer ?
555 De vos nobles projets, Seigneur, qu'il vous souvienne[1] :
Voici le temps.

TITUS

Hé bien, voyons-la. Qu'elle vienne.

Scène 4 BÉRÉNICE, TITUS, PAULIN, PHÉNICE

BÉRÉNICE

Ne vous offensez pas si mon zèle indiscret[2]
De votre solitude interrompt le secret.
Tandis qu'autour de moi votre cour assemblée
560 Retentit des bienfaits dont vous m'avez comblée,
Est-il juste, Seigneur, que seule en ce moment
Je demeure sans voix et sans ressentiment[3] !
Mais, Seigneur (car je sais que cet ami sincère
Du secret de nos cœurs connaît tout le mystère),
565 Votre deuil est fini, rien n'arrête vos pas,

---

1. **Qu'il vous souvienne :** souvenez-vous.
2. **Indiscret :** inopportun, intempestif.
3. **Ressentiment :** sentiment qui répond à un autre ; ici, marque ou manifestation des sentiments de Titus qui répondrait à ceux exprimés par Bérénice.

Vous êtes seul enfin, et ne me cherchez pas.
J'entends[1] que vous m'offrez un nouveau diadème,
Et ne puis cependant vous entendre vous-même.
Hélas ! plus de repos, Seigneur, et moins d'éclat.
Votre amour ne peut-il paraître qu'au sénat ?   570
Ah ! Titus, car enfin l'amour fuit la contrainte
De tous ces noms[2] que suit le respect et la crainte,
De quel soin votre amour va-t-il s'importuner ?
N'a-t-il que des États qu'il me puisse donner ?
Depuis quand croyez-vous que ma grandeur me touche ?   575
Un soupir, un regard, un mot de votre bouche,
Voilà l'ambition d'un cœur comme le mien.
Voyez-moi plus souvent, et ne me donnez rien.
Tous vos moments sont-ils dévoués à l'Empire ?
Ce cœur, après huit jours[3], n'a-t-il rien à me dire ?   580
Qu'un mot va rassurer mes timides esprits[4] !
Mais parliez-vous de moi quand je vous ai surpris ?
Dans vos secrets discours étais-je intéressée[5],
Seigneur ? Étais-je au moins présente à la pensée ?

TITUS

N'en doutez point, Madame ; et j'atteste les dieux   585
Que toujours Bérénice est présente à mes yeux.
L'absence ni le temps, je vous le jure encore,
Ne vous peuvent ravir[6] ce cœur qui vous adore.

BÉRÉNICE

Hé quoi ? vous me jurez une éternelle ardeur,
Et vous me la jurez avec cette froideur ?   590
Pourquoi même du ciel attester la puissance ?
Faut-il par des serments vaincre ma défiance ?

---

1. **J'entends :** j'entends dire.
2. **Tous ces noms :** titres et appellations codifiées en usage à la cour
   (comme « seigneur »).
3. **Après huit jours :** depuis huit jours que Vespasien est mort.
4. **Mes timides esprits :** mon esprit craintif.
5. **Intéressée :** présente.
6. **Ne vous peuvent ravir :** ne peuvent vous ravir, vous enlever.

Mon cœur ne prétend point, Seigneur, vous démentir,
Et je vous en croirai sur un simple soupir.

TITUS

595 Madame...

BÉRÉNICE

                    Hé bien, Seigneur ? Mais quoi ! sans me répondre
Vous détournez les yeux, et semblez vous confondre !
Ne m'offrirez-vous plus qu'un visage interdit[1] ?
Toujours la mort d'un père occupe[2] votre esprit ?
Rien ne peut-il charmer[3] l'ennui qui vous dévore ?

TITUS

600 Plût au ciel que mon père, hélas ! vécût encore !
Que je vivais heureux !

BÉRÉNICE

                         Seigneur, tous ces regrets
De votre piété[4] sont de justes effets.
Mais vos pleurs ont assez honoré sa mémoire :
Vous devez d'autres soins à Rome, à votre gloire :
605 De mon propre intérêt je n'ose vous parler.
Bérénice autrefois pouvait vous consoler :
Avec plus de plaisir vous m'avez écoutée.
De combien de malheurs pour vous persécutée,
Vous ai-je pour un mot sacrifié mes pleurs[5] !
610 Vous regrettez un père. Hélas ! faibles douleurs !
Et moi (ce souvenir me fait frémir encore)
On voulait m'arracher de tout ce que j'adore ;
Moi, dont vous connaissez le trouble et le tourment
Quand vous ne me quittez que pour quelque moment ;

---

1. **Interdit :** défait, décomposé, extrêmement troublé.
2. **Occupe :** possède, accapare (sens fort).
3. **Charmer :** apaiser, calmer.
4. **Piété :** piété filiale.
5. **Vous ai-je pour un mot sacrifié mes pleurs :** un mot de votre part, et je cessais de pleurer.

Moi, qui mourrais le jour qu'on[1] voudrait m'interdire   615
De vous...

TITUS

Madame, hélas ! que me venez-vous dire ?
Quel temps[2] choisissez-vous ? Ah ! de grâce, arrêtez.
C'est trop pour un ingrat prodiguer vos bontés.

BÉRÉNICE

Pour un ingrat, Seigneur ! Et le pouvez-vous être ?
Ainsi donc mes bontés vous fatiguent peut-être ?   620

TITUS

Non, Madame. Jamais, puisqu'il faut vous parler,
Mon cœur de plus de feux ne se sentit brûler[3].
Mais...

BÉRÉNICE

Achevez...

TITUS

Hélas !

BÉRÉNICE

Parlez.

TITUS

Rome... L'Empire...

BÉRÉNICE

Hé bien ?

TITUS

Sortons, Paulin : je ne lui puis rien dire.

---

1. **Qu'on :** où l'on.
2. **Temps :** moment.
3. **Mon cœur de plus de feux ne se sentit brûler :** mon cœur ne fut plus amoureux (métaphore galante).

BÉRÉNICE.

HÉ QUOI! VOUS ME JUREZ UNE ÉTERNELLE ARDEUR,
ET VOUS ME LA JUREZ AVEC CETTE FROIDEUR?

BÉRÉNICE. ACTE II. SCÈNE IV.

Gravure de Massard pour l'acte II, scène 4.

Clefs d'analyse

Acte II, scène 4.

Compréhension

▌ *Une scène de rencontre inattendue*

- Observer la répartition de la parole et commenter la longueur des répliques de Bérénice face à celles de Titus.
- Commenter l'effet produit par le changement de rythme des répliques (de la longue tirade initiale à la stichomythie finale).

▌ *L'échec du dialogue*
▌ *et l'impossibilité de communiquer*

- Montrer comment Bérénice, en interprétant faussement les paroles de Titus aux vers 600-601, accentue la situation de malentendu.

Réflexion

▌ *La souffrance d'un amant incapable*
▌ *de signifier son intention de rompre*

- Analyser en quoi la première réplique de Titus est pleine d'ironie tragique pour le spectateur qui a assisté aux deux scènes précédentes.

▌ *La surprise et l'inquiétude de Bérénice*
▌ *face à la froideur et au mutisme de Titus*

- Analyser l'émotion grandissante de Bérénice, qui passe d'un ton agressif (reproches véhéments, demandes d'explication railleuses) à un ton doux et inquiet (paroles consolantes, aveux d'amour).

À retenir :

Pour étudier un dialogue de théâtre, il faut d'abord faire attention à ses composantes (répliques, stichomythie, tirades) mais aussi à son organisation, ce qui implique d'observer comment s'enchaînent les tours de parole. En outre, il faut être attentif aux enjeux de l'échange (relation des interlocuteurs, attentes de l'un et de l'autre, informations échangées, rapports de force, opposition d'intérêts, d'idées ou de sentiments).

Scène 5 BÉRÉNICE, PHÉNICE

BÉRÉNICE

625 Quoi ! me quitter sitôt, et ne me dire rien ?
Chère Phénice, hélas ! quel funeste entretien !
Qu'ai-je fait ? Que veut-il ? Et que dit[1] ce silence ?

PHÉNICE

Comme vous je me perds d'autant plus que j'y pense[2].
Mais ne s'offre-t-il rien à votre souvenir
630 Qui contre vous, Madame, ait pu le prévenir[3] ?
Voyez, examinez.

BÉRÉNICE

Hélas ! tu peux m'en croire,
Plus je veux du passé rappeler la mémoire,
Du jour que je le vis jusqu'à ce triste jour,
Plus je vois qu'on me peut reprocher trop d'amour.
635 Mais tu nous entendais. Il ne faut rien me taire :
Parle. N'ai-je rien dit qui lui puisse déplaire ?
Que sais-je ? J'ai peut-être avec trop de chaleur
Rabaissé ses présents ou blâmé sa douleur.
N'est-ce point que de Rome il redoute la haine ?
640 Il craint peut-être, il craint d'épouser une reine.
Hélas ! s'il était vrai... Mais non, il a cent fois
Rassuré mon amour contre leurs dures lois[4] ;
Cent fois... Ah ! qu'il m'explique un silence si rude.
Je ne respire pas dans cette incertitude.
645 Moi, je vivrais, Phénice, et je pourrais penser
Qu'il me néglige, ou bien que j'ai pu l'offenser ?

---

1. **Dit :** signifie.
2. **Je me perds d'autant plus que j'y pense :** plus j'y pense et plus je m'y perds.
3. **Prévenir :** prédisposer à une réaction négative.
4. **Leurs dures lois :** celles des Romains.

Retournons sur ses pas. Mais quand je m'examine,
Je crois de ce désordre[1] entrevoir l'origine,
Phénice : il aura su tout ce qui s'est passé ;
L'amour d'Antiochus l'a peut-être offensé.   650
Il attend, m'a-t-on dit, le roi de Comagène ;
Ne cherchons point ailleurs le sujet de ma peine.
Sans doute ce chagrin[2] qui vient de m'alarmer
N'est qu'un léger soupçon facile à désarmer.
Je ne te vante point cette faible victoire,   655
Titus. Ah ! plût au ciel que, sans blesser ta gloire,
Un rival plus puissant voulût tenter ma foi[3]
Et pût mettre à mes pieds plus d'empires que toi ;
Que de sceptres sans nombre il pût payer ma flamme ;
Que ton amour n'eût rien à donner que ton âme !   660
C'est alors, cher Titus, qu'aimé, victorieux,
Tu verrais de quel prix ton cœur est à mes yeux.
Allons, Phénice, un mot pourra le satisfaire.
Rassurons-nous, mon cœur, je puis encor lui plaire.
Je me comptais trop tôt au rang des malheureux.   665
Si Titus est jaloux, Titus est amoureux.

---

1. **Ce désordre :** l'embarras, le trouble de Titus.
2. **Chagrin :** ici, accès de mauvaise humeur.
3. **Tenter ma foi :** éprouver ma fidélité.

Synthèse Acte II

L'acte de la douloureuse décision de Titus

Personnages

L'entrée en scène du héros

Titus, dont il a tant été question à l'acte I, apparaît enfin sur
scène et déclare vouloir s'expliquer (vers 343). Or, loin de donner des précisions sur son mariage avec Bérénice, il annonce au
contraire, de façon catégorique, la décision qu'il a prise de s'en
séparer (vers 446). Cela constitue un véritable coup de théâtre.
Le deuxième acte est celui de Titus, centré sur sa décision et, surtout, sur ses hésitations. En effet, Titus donne de lui-même
l'image d'un homme irrésolu : d'abord, il avoue à Paulin que sa
décision a été précédée de longues interrogations (vers 451) et
qu'il ne sait pas comment annoncer la nouvelle à Bérénice (vers
473). Ses longues tirades font surtout entendre, derrière sa décision affirmée à plusieurs reprises, ses regrets, ses hésitations et
ses faiblesses. Pourtant, il sait qu'il doit en passer par la confrontation avec Bérénice : parvenir à lui parler, c'est triompher de son
irrésolution et ainsi accéder pleinement à son rôle d'empereur.
Le spectateur attend donc avec impatience la rencontre des deux
héros. Or, face à elle, Titus se montre incapable de parler : l'émotion l'emporte sur la raison, et l'amour sur le devoir.

Langage

Le décalage pathétique entre le discours
et la réalité

Face à Paulin (II, 2), Titus formule sa décision de façon catégorique, la présentant comme irrévocable malgré ce qu'il lui en
coûte. Il multiplie ainsi les formules affirmatives qui donnent de
lui l'image d'un empereur pleinement maître de lui (vers 446,
485-490, 522). Or tout le problème consiste à faire passer cette
décision de son statut langagier et abstrait à son incarnation
dans le réel. La scène 3, qui annonce l'arrivée inattendue de

Bérénice, illustre à quel point les propos pleins de fermeté de Titus ne l'aident pas à affronter la douloureuse réalité : la lucidité avec laquelle il s'analyse et la volonté qu'il manifeste n'ont pas de prise sur sa conduite. Paulin ne manque d'ailleurs pas de souligner le décalage entre les « nobles projets » (vers 555) que l'empereur vient d'exprimer et son accès de faiblesse à l'idée de devoir les communiquer à Bérénice. De fait, confronté à celle-ci, Titus se révèle incapable de répéter les fermes propos prononcés face à Paulin. Les belles formules résolues de Titus n'étaient donc que des mots, d'inutiles déclarations d'intention, et la maîtrise de lui-même qu'il affichait devant son confident n'était qu'un pur effet de langage.

Société

> *La condition paradoxale du chef d'État,*
> *entre toute-puissance et liberté surveillée*

Les comparaisons qui peuvent être faites entre Titus et Louis XIV sont nombreuses et propres à ravir un public friand de ce genre d'exercice. Tout d'abord, lorsque Titus évoque sa jeunesse libre et insouciante, puis le sentiment nouveau de ses responsabilités éprouvé à la mort de son père – qui le rend conscient du « fardeau » du devoir et du poids du regard que Rome porte désormais sur lui –, les contemporains de Racine reconnaissent aisément la figure de Louis XIV. Comme Titus, le Roi-Soleil a mené une jeunesse libre et frivole, avide de divertissements, avant de se décider à assumer pleinement ses devoirs, à la mort de Mazarin, en 1661.

Ensuite, la pression qui s'exerce en permanence sur l'homme d'État, qui n'a plus de vie privée, vaut aussi bien pour Titus – qui se sent sans cesse soumis au regard et au jugement de ses sujets, comme en témoigne le thème omniprésent de la rumeur et de l'opinion publique – que pour Louis XIV, dont les liaisons adultères passionnaient les contemporains de Racine.

ACTE III

Scène 1 TITUS, ANTIOCHUS, ARSACE

TITUS

Quoi, Prince ? vous partiez ? Quelle raison subite
Presse votre départ, ou plutôt votre fuite ?
Vouliez-vous me cacher jusques à vos adieux ?
670 Est-ce comme ennemi que vous quittez ces lieux ?
Que diront, avec moi, la cour, Rome, l'Empire ?
Mais, comme votre ami, que ne puis-je point dire ?
De quoi m'accusez-vous ? Vous avais-je sans choix
Confondu jusqu'ici dans la foule des rois ?
675 Mon cœur vous fut ouvert tant qu'a vécu mon père :
C'était le seul présent que je pouvais vous faire ;
Et lorsque avec mon cœur ma main peut s'épancher[1],
Vous fuyez mes bienfaits tout prêts à vous chercher ?
Pensez-vous, qu'oubliant ma fortune[2] passée,
680 Sur ma seule grandeur j'arrête ma pensée,
Et que tous mes amis s'y présentent de loin
Comme autant d'inconnus dont je n'ai plus besoin ?
Vous-même, à mes regards qui vouliez vous soustraire[3],
Prince, plus que jamais vous m'êtes nécessaire.

ANTIOCHUS

685 Moi, Seigneur ?

TITUS

Vous.

ANTIOCHUS

Hélas ! d'un prince malheureux

---

1. **S'épancher :** répandre des bienfaits en abondance.
2. **Fortune :** sort, situation fixée par le destin.
3. **À mes regards qui vouliez vous soustraire :** qui vouliez vous dérober à mon regard.

Que pouvez-vous, Seigneur, attendre que des vœux[1] ?

TITUS

Je n'ai pas oublié, Prince, que ma victoire
Devait à vos exploits la moitié de sa gloire,
Que Rome vit passer au nombre des vaincus
Plus d'un captif chargé des fers d'Antiochus ;   690
Que dans le Capitole[2] elle voit attachées
Les dépouilles des Juifs par vos mains arrachées.
Je n'attends pas de vous de ces sanglants exploits,
Et je veux seulement emprunter votre voix.
Je sais que Bérénice, à vos soins redevable[3],   695
Croit posséder en vous un ami véritable :
Elle ne voit dans Rome et n'écoute que vous ;
Vous ne faites qu'un cœur et qu'une âme avec nous.
Au nom d'une amitié si constante et si belle,
Employez le pouvoir que vous avez sur elle :   700
Voyez-la de ma part.

ANTIOCHUS

        Moi, paraître à ses yeux ?
La reine pour jamais a reçu mes adieux.

TITUS

Prince, il faut que pour moi vous lui parliez encore.

ANTIOCHUS

Ah ! parlez-lui, Seigneur. La reine vous adore.
Pourquoi vous dérober vous-même en ce moment   705
Le plaisir de lui faire un aveu si charmant ?
Elle l'attend, Seigneur, avec impatience.

---

1. **Que pouvez-vous, Seigneur, attendre que des vœux :** que pouvez-vous attendre d'autre que des vœux seulement (et non des actes).
2. **Capitole :** colline de Rome que gravissait le général romain lors de la cérémonie du triomphe célébrant sa victoire – cérémonie au cours de laquelle on faisait défiler les vaincus et on exhibait les dépouilles des ennemis aux yeux de la foule romaine.
3. **À vos soins redevable :** reconnaissante pour tout ce que vous faites pour elle.

Je réponds, en partant, de son obéissance ;
Et même elle m'a dit que, prêt à l'épouser,
710 Vous ne la verrez plus que pour l'y disposer.

TITUS

Ah ! qu'un aveu si doux aurait lieu de me plaire !
Que je serais heureux si j'avais à le faire !
Mes transports aujourd'hui s'attendaient d'éclater[1],
Cependant aujourd'hui, Prince, il faut la quitter.

ANTIOCHUS

715 La quitter ! Vous, Seigneur ?

TITUS

      Telle est ma destinée,
Pour elle et pour Titus il n'est plus d'hyménée[2].
D'un espoir si charmant je me flattais en vain :
Prince, il faut avec vous qu'elle parte demain.

ANTIOCHUS

Qu'entends-je ? Ô ciel !

TITUS

      Plaignez ma grandeur importune.
720 Maître de l'univers, je règle sa fortune[3] ;
Je puis faire les rois, je puis les déposer ;
Cependant de mon cœur je ne puis disposer ;
Rome, contre les rois de tout temps soulevée,
Dédaigne une beauté dans la pourpre[4] élevée :
725 L'éclat du diadème et cent rois pour aïeux
Déshonorent ma flamme[5] et blessent tous les yeux.
Mon cœur, libre d'ailleurs[6], sans craindre les murmures[7],

---

1. **Mes transports aujourd'hui s'attendaient d'éclater :** mes mouvements d'amour passionné allaient aujourd'hui se manifester de façon éclatante.
2. **Hyménée :** mariage.
3. **Sa fortune :** le sort de celui-ci.
4. **Pourpre :** ici, couleur qui symbolise la royauté.
5. **Déshonorent ma flamme :** sont un déshonneur pour mon amour.
6. **D'ailleurs :** par ailleurs.
7. **Murmures :** contestations, protestations (sens fort).

Peut brûler à son choix dans des flammes obscures [1],
Et Rome avec plaisir recevrait de ma main
La moins digne beauté qu'elle cache en son sein.   730
Jules [2] céda lui-même au torrent qui m'entraîne.
Si le peuple demain ne voit partir la reine,
Demain elle entendra ce peuple furieux
Me venir demander son départ à ses yeux.
Sauvons de cet affront mon nom et sa mémoire ;   735
Et, puisqu'il faut céder, cédons à notre gloire.
Ma bouche et mes regards, muets depuis huit jours,
L'auront pu préparer à ce triste discours.
Et même en ce moment, inquiète, empressée,
Elle veut qu'à ses yeux j'explique ma pensée.   740
D'un amant interdit soulagez le tourment :
Épargnez à mon cœur cet éclaircissement.
Allez, expliquez-lui mon trouble et mon silence ;
Surtout, qu'elle me laisse éviter sa présence :
Soyez le seul témoin de ses pleurs et des miens ;   745
Portez-lui mes adieux, et recevez les siens.
Fuyons tous deux, fuyons un spectacle funeste
Qui de notre constance accablerait le reste.
Si l'espoir de régner et de vivre en mon cœur
Peut de son infortune adoucir la rigueur,   750
Ah ! Prince ! jurez-lui que, toujours trop fidèle,
Gémissant dans ma cour, et plus exilé qu'elle,
Portant jusqu'au tombeau le nom de son amant,
Mon règne ne sera qu'un long bannissement,
Si le ciel, non content de me l'avoir ravie,   755
Veut encor m'affliger par une longue vie.
Vous, que l'amitié seule attache sur ses pas,
Prince, dans son malheur ne l'abandonnez pas.
Que l'Orient vous voie arriver à sa suite ;
Que ce soit un triomphe, et non pas une fuite ;   760

---

1. **Dans des flammes obscures :** pour des liaisons amoureuses avec
des personnes de basse condition.
2. **Jules :** l'empereur romain Jules César.

Qu'une amitié si belle ait d'éternels liens ;
Que mon nom soit toujours dans tous vos entretiens.
Pour rendre vos États plus voisins l'un de l'autre,
L'Euphrate bornera son empire et le vôtre[1].
765 Je sais que le sénat, tout plein de votre nom,
D'une commune voix confirmera ce don.
Je joins la Cilicie[2] à votre Comagène.
Adieu. Ne quittez point ma princesse, ma reine,
Tout ce qui de mon cœur fut l'unique désir,
770 Tout ce que j'aimerai jusqu'au dernier soupir.

---

1. **L'Euphrate bornera son empire et le vôtre :** l'Euphrate constituera la frontière des deux royaumes.
2. **Cilicie :** province romaine située à l'ouest de la Comagène et voisine de la Syrie.

Clefs d'analyse

Acte III, scène 1.

Compréhension

▌ *Des rapports faussés d'avance*

- Déterminer pourquoi chacun des personnages est surpris par le projet de l'autre (départ d'Antiochus, demande d'un service de la part de Titus).
- Montrer en quoi l'évocation de l'amitié qui lie Antiochus et Bérénice (vers 695-700) est empreinte d'ironie tragique.

▌ *L'absence de communication* ▌ *entre deux hommes qui ne se comprennent pas*

- Observer comment Titus, qui semble uniquement préoccupé par la mission dont il veut charger Antiochus, ne paraît ni remarquer sa tristesse, ni s'intéresser aux raisons de son départ, ni tenir compte de ses réticences.

Réflexion

▌ *L'instrumentalisation d'Antiochus*

- Analyser les différentes stratégies employées par Titus afin qu'Antiochus accepte de le servir.
- Analyser ce que Titus attend d'Antiochus et la façon dont il a organisé le départ de Bérénice.

▌ *Le caractère paradoxal de Titus*

- Analyser le contraste entre le désir de gloire de Titus et son manque de courage face à sa maîtresse.

> ## À retenir :
> Le déroulement de l'action repose sur deux éléments : le nœud et l'intrigue. Le nœud est constitué par le choix que doit faire un personnage, confronté à tout un jeu de relations psychologiques, sentimentales, politiques et historiques. Il est, comme le rappelle sa signification méthaphorique, le point de rencontre entre les difficultés rencontrées par le héros et les différentes solutions qui s'offrent à lui. L'action dramatique se construit autour du nœud, et son déroulement constitue l'intrigue.

Scène 2 Antiochus, Arsace

ARSACE

Ainsi le ciel s'apprête à vous rendre justice :
Vous partirez, Seigneur, mais avec Bérénice.
Loin de vous la ravir, on va vous la livrer.

ANTIOCHUS

Arsace, laisse-moi le temps de respirer.
775 Ce changement est grand, ma surprise est extrême.
Titus entre mes mains remet tout ce qu'il aime !
Dois-je croire, grands dieux ! ce que je viens d'ouïr[1] ?
Et quand je le croirais, dois-je m'en réjouir ?

ARSACE

Mais, moi-même, Seigneur, que faut-il que je croie ?
780 Quel obstacle nouveau s'oppose à votre joie ?
Me trompiez-vous tantôt au sortir de ces lieux,
Lorsque encor tout ému de vos derniers adieux,
Tremblant d'avoir osé s'expliquer devant elle,
Votre cœur me contait son audace nouvelle ?
785 Vous fuyiez un hymen qui vous faisait trembler.
Cet hymen est rompu : quel soin peut vous troubler ?
Suivez les doux transports où[2] l'amour vous invite.

ANTIOCHUS

Arsace, je me vois chargé de sa conduite[3],
Je jouirai longtemps de ses chers entretiens,
790 Ses yeux même pourront s'accoutumer aux miens ;
Et peut-être son cœur fera la différence
Des froideurs de Titus à ma persévérance.
Titus m'accable ici du poids de sa grandeur :
Tout disparaît dans Rome auprès de sa splendeur ;

---

1. **Ouïr :** entendre.
2. **Les doux transports où :** les douces émotions auxquelles.
3. **De sa conduite :** de la reconduire en Orient.

Mais, quoique l'Orient soit plein de sa mémoire,   795
Bérénice y verra des traces de ma gloire.

ARSACE

N'en doutez point, Seigneur, tout succède[1] à vos vœux.

ANTIOCHUS

Ah ! que nous nous plaisons à nous tromper tous deux !

ARSACE

Et pourquoi nous tromper[2] ?

ANTIOCHUS

        Quoi ! je lui pourrais plaire ?
Bérénice à mes vœux ne serait plus contraire ?   800
Bérénice d'un mot flatterait[3] mes douleurs ?
Penses-tu seulement que, parmi ses malheurs,
Quand l'univers entier négligerait ses charmes,
L'ingrate me permît de lui donner des larmes[4],
Ou qu'elle s'abaissât jusques à recevoir[5]   805
Des soins qu'à mon amour elle croirait devoir ?

ARSACE

Et qui peut mieux que vous consoler sa disgrâce[6] ?
Sa fortune, Seigneur, va prendre une autre face.
Titus la quitte.

ANTIOCHUS

      Hélas ! de ce grand changement
Il ne me reviendra que le nouveau tourment   810
D'apprendre par ses pleurs à quel point elle l'aime :
Je la verrai gémir ; je la plaindrai moi-même.
Pour fruit[7] de tant d'amour, j'aurai le triste emploi
De recueillir des pleurs qui ne sont pas pour moi.

---

1. **Succède :** réussit.
2. **Pourquoi nous tromper :** pourquoi dire « nous tromper ».
3. **Flatterait :** apaiserait grâce à des mensonges.
4. **Lui donner des larmes :** verser des larmes pour elle.
5. **Recevoir :** accepter.
6. **Sa disgrâce :** son malheur.
7. **Pour fruit :** pour résultat.

ARSACE

815 Quoi ? ne vous plairez-vous qu'à vous gêner[1] sans cesse ?
Jamais dans un grand cœur vit-on plus de faiblesse ?
Ouvrez les yeux, Seigneur, et songeons entre nous
Par combien de raisons Bérénice est à vous.
Puisque aujourd'hui Titus ne prétend plus lui plaire,
820 Songez que votre hymen lui devient nécessaire.

ANTIOCHUS

Nécessaire !

ARSACE

      À ses pleurs accordez quelques jours ;
De ses premiers sanglots laissez passer le cours :
Tout parlera pour vous, le dépit, la vengeance,
L'absence de Titus, le temps, votre présence,
825 Trois sceptres[2] que son bras ne peut seul soutenir,
Vos deux États voisins qui cherchent à s'unir.
L'intérêt, la raison, l'amitié, tout vous lie.

ANTIOCHUS

Oui, je respire, Arsace, et tu me rends la vie :
J'accepte avec plaisir un présage si doux.
830 Que[3] tardons-nous ? Faisons ce qu'on attend de nous.
Entrons chez Bérénice ; et, puisqu'on nous l'ordonne,
Allons lui déclarer que Titus l'abandonne.
Mais plutôt demeurons. Que faisais-je ? Est-ce à moi,
Arsace, à me charger de ce cruel emploi ?
835 Soit vertu, soit amour, mon cœur s'en effarouche.
L'aimable Bérénice entendrait de ma bouche
Qu'on l'abandonne ! Ah ! Reine ! Et qui l'aurait pensé,
Que ce mot dût jamais vous être prononcé !

ARSACE

La haine sur Titus tombera tout entière.

---

1. **Vous gêner :** vous torturer.
2. **Trois sceptres :** les trois royaumes réunis par Titus en faveur de
Bérénice.
3. **Que :** pourquoi.

Seigneur, si vous parlez, ce n'est qu'à sa prière.   840

ANTIOCHUS

Non, ne la voyons point. Respectons sa douleur :
Assez d'autres viendront lui conter son malheur.
Et ne la crois-tu pas assez infortunée
D'apprendre à quel mépris Titus l'a condamnée,
Sans lui donner encor le déplaisir fatal   845
D'apprendre ce mépris par son propre rival ?
Encore un coup, fuyons ; et par cette nouvelle
N'allons point nous charger d'une haine immortelle.

ARSACE

Ah ! la voici, Seigneur ; prenez votre parti.

ANTIOCHUS

Ô ciel !   850

Scène 3   BÉRÉNICE, ANTIOCHUS, ARSACE, PHÉNICE

BÉRÉNICE

Hé quoi ? Seigneur ! Vous n'êtes point parti ?

ANTIOCHUS

Madame, je vois bien que vous êtes déçue,
Et que c'était César que cherchait votre vue.
Mais n'accusez que lui, si, malgré mes adieux,
De ma présence encor j'importune vos yeux.
Peut-être en ce moment je serais dans Ostie,   855
S'il ne m'eût de sa cour défendu la sortie.

BÉRÉNICE

Il vous cherche vous seul. Il nous évite tous.

ANTIOCHUS

Il ne m'a retenu que pour parler de vous.

BÉRÉNICE

De moi, Prince ?

ANTIOCHUS

Oui, Madame.

BÉRÉNICE

Et qu'a-t-il pu vous dire ?

ANTIOCHUS

860 Mille autres mieux que moi pourront vous en instruire.

BÉRÉNICE

Quoi ! Seigneur...

ANTIOCHUS

Suspendez votre ressentiment.
D'autres, loin de se taire en ce même moment,
Triompheraient peut-être, et, pleins de confiance,
Céderaient avec joie à votre impatience ;
865 Mais moi, toujours tremblant, moi, vous le savez bien,
À qui votre repos est plus cher que le mien,
Pour ne le point troubler, j'aime mieux vous déplaire,
Et crains votre douleur plus que votre colère.
Avant la fin du jour vous me justifîrez [1].
870 Adieu, Madame.

BÉRÉNICE

Ô ciel ! quel discours ! Demeurez,
Prince, c'est trop cacher mon trouble à votre vue :
Vous voyez devant vous une reine éperdue,
Qui, la mort dans le sein, vous demande deux mots.
Vous craignez, dites-vous, de troubler mon repos ;
875 Et vos refus cruels, loin d'épargner ma peine,
Excitent ma douleur, ma colère, ma haine.
Seigneur, si mon repos vous est si précieux,
Si moi-même jamais je fus chère à vos yeux,
Éclaircissez le trouble où vous voyez mon âme.
880 Que vous a dit Titus ?

---

1. **Vous me justifîrez (justifierez) :** vous comprendrez que j'ai raison
d'agir ainsi.

ANTIOCHUS
Au nom des dieux, Madame...

BÉRÉNICE
Quoi ! vous craignez si peu de me désobéir ?

ANTIOCHUS
Je n'ai qu'à vous parler pour me faire haïr.

BÉRÉNICE
Je veux que vous parliez.

ANTIOCHUS
Dieux ! quelle violence !
Madame, encore un coup, vous loûrez[1] mon silence.

BÉRÉNICE
Prince, dès ce moment contentez mes souhaits,   885
Ou soyez de ma haine assuré pour jamais.

ANTIOCHUS
Madame, après cela, je ne puis plus me taire.
Hé bien, vous le voulez, il faut vous satisfaire.
Mais ne vous flattez point : je vais vous annoncer
Peut-être des malheurs où[2] vous n'osez penser.   890
Je connais votre cœur : vous devez vous attendre
Que je le vais frapper[3] par l'endroit le plus tendre.
Titus m'a commandé...

BÉRÉNICE
Quoi ?

ANTIOCHUS
De vous déclarer
Qu'à jamais l'un de l'autre il faut vous séparer.

BÉRÉNICE
Nous séparer ? Qui ? Moi ? Titus de Bérénice !   895

ANTIOCHUS
Il faut que devant vous je lui rende justice :

---

1. **Loûrez :** louerez.
2. **Où :** auxquels.
3. **Que je le vais frapper :** à ce que je le frappe.

Tout ce que dans un cœur sensible et généreux[1]
L'amour au désespoir peut rassembler d'affreux,
Je l'ai vu dans le sien. Il pleure, il vous adore.
900 Mais enfin que lui sert de vous aimer encore ?
Une reine est suspecte à l'Empire romain.
Il faut vous séparer, et vous partez demain.

BÉRÉNICE
Nous séparer ! Hélas ! Phénice !

PHÉNICE
Hé bien, Madame,
Il faut ici montrer la grandeur de votre âme.
905 Ce coup sans doute est rude, il doit vous étonner[2].

BÉRÉNICE
Après tant de serments, Titus m'abandonner !
Titus qui me jurait... Non, je ne le puis croire :
Il ne me quitte point, il y va de sa gloire.
Contre son innocence on veut me prévenir[3].
910 Ce piège n'est tendu que pour nous désunir.
Titus m'aime. Titus ne veut point que je meure.
Allons le voir : je veux lui parler tout à l'heure[4].
Allons.

ANTIOCHUS
Quoi ? vous pourriez ici me regarder...

BÉRÉNICE
Vous le souhaitez trop pour me persuader.
915 Non, je ne vous crois point. Mais, quoi qu'il en puisse être,
Pour jamais à mes yeux gardez-vous de paraître.
(À Phénice.)
Ne m'abandonne pas dans l'état où je suis.
Hélas ! pour me tromper je fais ce que je puis.

---

1. **Généreux :** plein de noblesse.
2. **Étonner :** frapper de stupeur (sens fort).
3. **Contre son innocence on veut me prévenir :** on m'incite à le juger négativement alors qu'il n'a rien fait contre moi.
4. **Tout à l'heure :** tout de suite.

Bérénice et Phénice, acte III. Gravure de Massard.

Scène 4 Antiochus, Arsace

Antiochus

Ne me trompé-je point ? L'ai-je bien entendue ?
920 Que je me garde, moi, de paraître à sa vue ?
Je m'en garderai bien. Et ne partais-je pas,
Si Titus malgré moi n'eût arrêté mes pas ?
Sans doute, il faut partir. Continuons[1], Arsace.
Elle croit m'affliger : sa haine me fait grâce[2].
925 Tu me voyais tantôt[3] inquiet, égaré :
Je partais amoureux, jaloux, désespéré ;
Et maintenant, Arsace, après cette défense,
Je partirai peut-être avec indifférence.

Arsace

Moins que jamais, Seigneur, il faut vous éloigner.

Antiochus

930 Moi ! je demeurerai pour me voir dédaigner ?
Des froideurs de Titus je serai responsable[4] ?
Je me verrai puni parce qu'il est coupable ?
Avec quelle injustice et quelle indignité
Elle doute à mes yeux de ma sincérité !
935 Titus l'aime, dit-elle, et moi je l'ai trahie.
L'ingrate ! m'accuser de cette perfidie !
Et dans quel temps encor ? dans le moment fatal
Que[5] j'étale à ses yeux les pleurs de mon rival ;
Que pour la consoler je le faisais paraître
940 Amoureux et constant plus qu'il ne l'est peut-être.

---

1. **Continuons :** persévérons dans notre résolution.
2. **Me fait grâce :** est pour moi une faveur.
3. **Tantôt :** tout à l'heure.
4. **Responsable :** tenu pour responsable.
5. **Que :** où.

ARSACE

Et de quel soin, Seigneur, vous allez-vous troubler ?
Laissez à ce torrent le temps de s'écouler :
Dans huit jours, dans un mois, n'importe, il faut qu'il passe.
Demeurez seulement.

ANTIOCHUS

        Non, je la quitte, Arsace.
Je sens qu'à sa douleur je pourrais compatir ;   945
Ma gloire, mon repos, tout m'excite à partir.
Allons ; et de si loin évitons la cruelle,
Que de longtemps, Arsace, on ne nous parle d'elle.
Toutefois il nous reste encore assez de jour :
Je vais dans mon palais attendre ton retour.   950
Va voir si la douleur ne l'a point trop saisie.
Cours ; et partons du moins assurés de sa vie[1].

---

1. **Assurés de sa vie :** certains qu'elle ne va pas se suicider.

Synthèse Acte III

L'acte de l'annonce faite à Bérénice

Personnages

> La révélation de la décision
> de Titus à Antiochus et Bérénice,
> victimes impuissantes du conflit tragique

L'acte III est centré sur la scène 3, que les scènes précédentes et suivantes ne font qu'encadrer. Antiochus y occupe une place prépondérante : présent dans toutes les scènes, il fait office d'intermédiaire indispensable entre Titus et Bérénice. Il permet donc à l'action de progresser en annonçant à Bérénice la décision de Titus. Même si cet acte est celui où tout bascule, il semble confirmer les principales caractéristiques psychologiques des protagonistes. Titus (III, 1) est toujours résolu à se séparer de Bérénice malgré ce qu'il lui en coûte, et toujours incapable de lui dire la vérité en face ; cependant, en ordonnant à Antiochus de faire part de sa décision à Bérénice, il franchit une étape dans la voie du renoncement amoureux et de la mise en œuvre de sa résolution. Antiochus confirme, quant à lui, son image de « malheureux rival » (acte I, scène 4, vers 224), voué au malheur quoi qu'il arrive, mais révèle en outre une grande noblesse d'âme. S'agissant de Bérénice, elle persiste, face à Antiochus, à nier la réalité, justifiant son incrédulité par des arguments rationnels, puis accusant Antiochus de mentir. Toutefois, contrairement à ses apparitions précédentes, elle se montre plus lucide sur l'art qu'elle déploie pour se tromper elle-même et pour éviter de voir une réalité trop douloureuse (vers 918).

Langage

> Une dramaturgie fondée sur l'impossibilité
> de communiquer et sur l'importance
> des intermédiaires

Après une première tentative, à l'acte II, pour s'expliquer avec Bérénice – tentative que son émotion condamne à l'échec –,

Synthèse

Titus en vient naturellement à l'idée d'avoir recours à un inter-médiaire. De fait, il a compris que son problème n'était pas du ressort de la volonté (puisque sa décision est prise et irrévoca-ble) mais de celui de la communication, comme le soulignent les analyses de Jacques Scherer. Le sujet de la pièce, fondamen-talement, est celui de la transmission d'un message. Or Titus mesure, après son aphasie face à Bérénice, à quel point celui-ci est tout autant intolérable à émettre qu'à recevoir. Dès lors, il n'est pas étonnant que les intermédiaires soient particulière-ment nécessaires dans la pièce. Les messagers occupent dans *Bérénice* une place prépondérante. Sur les vingt-neuf scènes de la pièce, sept sont des scènes de transition, où un confident est chargé d'aller chercher un héros ou d'annoncer sa venue. En outre, la fonction d'intermédiaire ne se limite pas aux confi-dents (Arsace, Phénice, Paulin), puisque Antiochus lui-même en est investi (III, 3).

Société

L'engouement de toute une société pour les « questions d'amour »

Les contemporains de Racine ne cessent de s'interroger sur la définition du sentiment amoureux et sur les différentes formes d'amour. L'amour est en effet au cœur des réflexions et des débats qui animent les cercles galants (caricaturés par Molière dans *Les Précieuses ridicules*), comme en témoigne un jeu très à la mode dans les salons de l'époque, celui des « questions d'amour », qui permet de débattre de questions touchant les sentiments, les relations humaines et la morale. Ainsi, les dilem-mes qu'incarnent les protagonistes de *Bérénice* semblent illus-trer quelques-uns de ces débats. L'enjeu de la pièce lui-même peut être résumé sous la forme d'une « question d'amour » : peut-on enfreindre la loi pour l'être aimé ou faut-il réfréner son amour pour lui épargner un déshonneur commun (vers 1403) ?

ACTE IV

Scène 1 BÉRÉNICE, *seule*

Phénice ne vient point ? Moments trop rigoureux,
Que vous paraissez lents à mes rapides vœux !
955 Je m'agite, je cours, languissante, abattue ;
La force m'abandonne, et le repos[1] me tue.
Phénice ne vient point. Ah ! que cette longueur
D'un présage funeste épouvante mon cœur !
Phénice n'aura point de réponse à me rendre.
960 Titus, l'ingrat Titus n'a point voulu l'entendre ;
Il fuit, il se dérobe à ma juste fureur.

Scène 2 BÉRÉNICE, PHÉNICE

BÉRÉNICE

Chère Phénice, hé bien ! as-tu vu l'empereur ?
Qu'a-t-il dit ? Viendra-t-il ?

PHÉNICE

          Oui, je l'ai vu, Madame,
Et j'ai peint à ses yeux le trouble de votre âme.
965 J'ai vu couler des pleurs qu'il voulait retenir.

BÉRÉNICE

Vient-il ?

PHÉNICE

      N'en doutez point, Madame, il va venir.
Mais voulez-vous paraître en ce désordre extrême ?
Remettez-vous, Madame, et rentrez en vous-même.
Laissez-moi relever ces voiles détachés,

---

1. **Repos :** absence d'activité, d'occupation.

Et ces cheveux épars dont vos yeux sont cachés.   970
Souffrez que de vos pleurs je répare l'outrage.

BÉRÉNICE

Laisse, laisse, Phénice, il verra son ouvrage.
Et que m'importe, hélas ! de ces vains ornements[1] ?
Si ma foi, si mes pleurs, si mes gémissements,
Mais que dis-je, mes pleurs ? si ma perte certaine,   975
Si ma mort toute prête enfin ne le ramène,
Dis-moi, que produiront tes secours superflus,
Et tout ce faible éclat[2] qui ne le touche plus ?

PHÉNICE

Pourquoi lui faites-vous cet injuste reproche ?
J'entends du bruit, Madame, et l'empereur s'approche.   980
Venez, fuyez la foule, et rentrons promptement :
Vous l'entretiendrez seul dans votre appartement.

Scène 3 TITUS, PAULIN, SUITE

TITUS

De la reine, Paulin, flattez l'inquiétude :
Je vais la voir. Je veux un peu de solitude.
Que l'on me laisse.   985

PAULIN

   Ô ciel ! que je crains ce combat !
Grands dieux, sauvez sa gloire et l'honneur de l'État !
Voyons la reine.

---

1. **Que m'importe... de ces vains ornements :** que m'importent ces vains ornements.
2. **Éclat :** éclat de ma beauté.

Scène 4 TITUS, *seul*

                    Hé bien, Titus, que viens-tu faire ?
Bérénice t'attend. Où viens-tu, téméraire[1] ?
Tes adieux sont-ils prêts ? T'es-tu bien consulté ?
990 Ton cœur te promet-il assez de cruauté ?
Car enfin au combat qui pour toi se prépare
C'est peu d'être constant[2], il faut être barbare.
Soutiendrai-je ces yeux dont la douce langueur
Sait si bien découvrir les chemins de mon cœur ?
995 Quand je verrai ces yeux armés de tous leurs charmes,
Attachés sur les miens, m'accabler de leurs larmes,
Me souviendrai-je alors de mon triste devoir ?
Pourrai-je dire enfin : « Je ne veux plus vous voir » ?
Je viens percer un cœur qui m'adore, qui m'aime.
1000 Et pourquoi le percer ? Qui l'ordonne ? Moi-même ;
Car enfin Rome a-t-elle expliqué ses souhaits ?
L'entendons-nous crier autour de ce palais ?
Vois-je l'État penchant au bord du précipice ?
Ne le puis-je sauver que par ce sacrifice ?
1005 Tout se tait ; et moi seul, trop prompt à me troubler,
J'avance des malheurs que je puis reculer.
Et qui sait si, sensible aux vertus de la reine,
Rome ne voudra point l'avouer pour[3] Romaine ?
Rome peut par son choix justifier[4] le mien.
1010 Non, non, encore un coup, ne précipitons rien.
Que Rome avec ses lois mette dans la balance
Tant de pleurs, tant d'amour, tant de persévérance :
Rome sera pour nous. Titus, ouvre les yeux !
Quel air respires-tu ? N'es-tu pas dans ces lieux

---

1. **Téméraire :** imprudent.
2. **Constant :** ferme dans sa décision.
3. **L'avouer pour :** la reconnaître comme.
4. **Justifier :** rendre conforme aux lois.

Où la haine des rois, avec le lait sucée [1],   1015
Par crainte ou par amour ne peut être effacée ?
Rome jugea ta reine en condamnant ses rois.
N'as-tu pas en naissant entendu cette voix ?
Et n'as-tu pas encore ouï la renommée
T'annoncer ton devoir jusque dans ton armée ?   1020
Et lorsque Bérénice arriva sur tes pas,
Ce que Rome en jugeait, ne l'entendis-tu pas ?
Faut-il donc tant de fois te le faire redire ?
Ah ! lâche ! fais l'amour [2], et renonce à l'empire.
Au bout de l'univers va, cours te confiner,   1025
Et fais place à des cœurs plus dignes de régner.
Sont-ce là ces projets de grandeur et de gloire
Qui devaient dans les cœurs consacrer ma mémoire ?
Depuis huit jours je règne, et jusques à ce jour,
Qu'ai-je fait pour l'honneur ? J'ai tout fait pour l'amour.   1030
D'un temps si précieux quel compte puis-je rendre ?
Où sont ces heureux jours que je faisais attendre ?
Quels pleurs ai-je séchés ? Dans quels yeux satisfaits
Ai-je déjà goûté le fruit de mes bienfaits ?
L'univers a-t-il vu changer ses destinées ?   1035
Sais-je combien le ciel m'a compté de journées [3] ?
Et de ce peu de jours si longtemps attendus,
Ah ! malheureux, combien j'en ai déjà perdus !
Ne tardons plus : faisons ce que l'honneur exige :
Rompons le seul lien...   1040

---

1. **Avec le lait sucée :** apprise dès la plus tendre enfance (métaphore).
2. **Fais l'amour :** consacre-toi à ta passion amoureuse.
3. **Combien le ciel m'a compté de journées :** combien de temps le ciel
   me laissera régner (Titus ne régna que deux ans).

Clefs d'analyse

Acte IV, scène 4.

Compréhension

Titus face à lui-même

- Définir l'intérêt psychologique et dramatique de ce monologue.

L'expression du déchirement intérieur

- Relever les passages où Titus s'adresse à lui-même et caractériser l'effet que cela produit sur le spectateur.

Réflexion

Un monologue délibératif

- Expliquer en quoi le plan fortement structuré de cette tirade, qui pèse le pour et le contre afin d'arriver à une synthèse, est caractéristique d'un discours délibératif.

Une lutte intérieure au terme de laquelle Titus accède à la grandeur du héros tragique

- Déterminer en quoi le vers 1000 constitue une des clés de la tragédie.
- Analyser les arguments employés par Titus pour accomplir son devoir d'empereur et ainsi sauver sa dignité et son honneur.

À retenir :

Lorsqu'un héros est confronté à deux exigences inconciliables, comme l'amour et le sens du devoir pour Titus, on parle de dilemme. Le dilemme, que le héros tragique est obligé de résoudre en choisissant entre deux options opposées dont aucune n'est vraiment satisfaisante, possède une forme d'expression privilégiée, celle du monologue délibératif. Le monologue est le discours que profère le personnage alors qu'il est seul en scène, comme s'il se parlait à lui-même. Il permet de mettre en scène ses tourments intérieurs. Quant à la délibération (genre oratoire hérité de la rhétorique antique), elle a pour but de prendre une décision à l'issue d'une confrontation d'idées.

Scène 5 BÉRÉNICE, TITUS

BÉRÉNICE, *en sortant*[1].

Non, laissez-moi, vous dis-je.
En vain tous vos conseils[2] me retiennent ici !
Il faut que je le voie. Ah, Seigneur ! Vous voici.
Hé bien, il est donc vrai que Titus m'abandonne ?
Il faut nous séparer ; et c'est lui qui l'ordonne.

TITUS

N'accablez point, Madame, un prince malheureux,   1045
Il ne faut point ici nous attendrir tous deux.
Un trouble assez cruel m'agite et me dévore,
Sans que des pleurs si chers me déchirent encore.
Rappelez bien plutôt ce cœur qui tant de fois
M'a fait de mon devoir reconnaître la voix.   1050
Il en est temps. Forcez votre amour à se taire ;
Et d'un œil que la gloire et la raison éclaire
Contemplez mon devoir dans toute sa rigueur.
Vous-même contre vous fortifiez mon cœur ;
Aidez-moi, s'il se peut, à vaincre sa faiblesse,   1055
À retenir des pleurs qui m'échappent sans cesse ;
Ou, si nous ne pouvons commander à nos pleurs,
Que la gloire du moins soutienne nos douleurs ;
Et que tout l'univers reconnaisse sans peine
Les pleurs d'un empereur et les pleurs d'une reine.   1060
Car enfin, ma princesse, il faut nous séparer.

BÉRÉNICE

Ah ! cruel ! est-il temps[3] de me le déclarer ?
Qu'avez-vous fait ? Hélas ! je me suis crue aimée.
Au plaisir de vous voir mon âme accoutumée

---

1. **En sortant :** en sortant de son appartement.
2. **Vos conseils :** ceux de ses suivantes.
3. **Est-il temps :** est-ce le moment, n'est-il pas trop tard.

1065 Ne vit plus que pour vous. Ignoriez-vous vos lois,
Quand je vous l'avouai[1] pour la première fois ?
À quel excès d'amour m'avez-vous amenée !
Que ne me disiez-vous : « Princesse infortunée,
Où vas-tu t'engager, et quel est ton espoir ?
1070 Ne donne point un cœur qu'on ne peut recevoir. »
Ne l'avez-vous reçu, cruel, que pour le rendre,
Quand de vos seules mains[2] ce cœur voudrait dépendre ?
Tout l'Empire a vingt fois conspiré contre nous.
Il était temps encor : que ne me quittiez-vous[3] ?
1075 Mille raisons alors[4] consolaient ma misère :
Je pouvais de ma mort[5] accuser votre père,
Le peuple, le sénat, tout l'Empire romain,
Tout l'univers, plutôt qu'une si chère main.
Leur haine, dès longtemps contre moi déclarée,
1080 M'avait à mon malheur dès longtemps préparée.
Je n'aurais pas, Seigneur, reçu ce coup cruel
Dans le temps que j'espère un bonheur immortel,
Quand votre heureux amour peut tout ce qu'il désire,
Lorsque Rome se tait, quand votre père expire,
1085 Lorsque tout l'univers fléchit à vos genoux,
Enfin quand je n'ai plus à redouter que vous.

TITUS

Et c'est moi seul aussi qui pouvais me détruire.
Je pouvais vivre alors et me laisser séduire.
Mon cœur se gardait bien d'aller dans l'avenir
1090 Chercher ce qui pouvait un jour nous désunir.
Je voulais qu'à mes vœux rien ne fût invincible,
Je n'examinais rien, j'espérais l'impossible.
Que sais-je ? J'espérais de mourir à vos yeux

---

1. **L'avouai :** avouai le plaisir de vous voir (et de vous aimer).
2. **De vos seules mains :** de votre seule volonté (les mains symbolisent la puissance).
3. **Que ne me quittiez-vous :** pourquoi ne me quittiez-vous pas.
4. **Alors :** à ce moment-là.
5. **Ma mort :** mon suicide.

Avant que d'en[1] venir à ces cruels adieux.
Les obstacles semblaient renouveler ma flamme.   1095
Tout l'Empire parlait. Mais la gloire, Madame,
Ne s'était point encor fait entendre à mon cœur
Du ton dont elle parle au cœur d'un empereur.
Je sais tous les tourments où ce dessein me livre ;
Je sens bien que sans vous je ne saurais plus vivre,   1100
Que mon cœur de moi-même est prêt à s'éloigner ;
Mais il ne s'agit plus de vivre, il faut régner.

BÉRÉNICE

Hé bien ! régnez, cruel ; contentez votre gloire :
Je ne dispute[2] plus. J'attendais, pour vous croire,
Que cette même bouche, après mille serments   1105
D'un amour qui devait unir tous nos moments,
Cette bouche, à mes yeux s'avouant infidèle,
M'ordonnât elle-même une absence éternelle.
Moi-même j'ai voulu vous entendre en ce lieu.
Je n'écoute plus rien, et pour jamais, adieu.   1110
Pour jamais ! Ah ! Seigneur, songez-vous en vous-même
Combien ce mot cruel est affreux quand on aime ?
Dans un mois, dans un an, comment souffrirons-nous,
Seigneur, que tant de mers me séparent de vous ?
Que le jour recommence et que le jour finisse   1115
Sans que jamais Titus puisse voir Bérénice,
Sans que de tout le jour je puisse voir Titus ?
Mais quelle est mon erreur, et que de soins perdus !
L'ingrat, de mon départ consolé par avance,
Daignera-t-il compter les jours de mon absence ?   1120
Ces jours si longs pour moi lui sembleront trop courts.

TITUS

Je n'aurai pas, Madame, à compter tant de jours.
J'espère que bientôt la triste renommée
Vous fera confesser que vous étiez aimée.
Vous verrez que Titus n'a pu sans expirer...   1125

---

1. **Avant que d'en :** avant d'en.
2. **Dispute :** discute.

BÉRÉNICE

Ah ! Seigneur, s'il est vrai, pourquoi nous séparer ?
Je ne vous parle point d'un heureux hyménée :
Rome à ne vous plus voir m'a-t-elle condamnée ?
Pourquoi m'enviez-vous[1] l'air que vous respirez ?

TITUS

1130 Hélas ! vous pouvez tout, Madame. Demeurez :
Je n'y résiste point. Mais je sens ma faiblesse.
Il faudra vous combattre et vous craindre sans cesse,
Et sans cesse veiller à retenir mes pas,
Que vers vous à toute heure entraînent vos appas.
1135 Que dis-je ? En ce moment mon cœur, hors de lui-même,
S'oublie, et se souvient seulement qu'il vous aime.

BÉRÉNICE

Hé bien, Seigneur, hé bien, qu'en peut-il arriver ?
Voyez-vous les Romains prêts à se soulever ?

TITUS

Et qui sait de quel œil ils prendront cette injure ?
1140 S'ils parlent, si les cris succèdent au murmure,
Faudra-t-il par le sang justifier mon choix ?
S'ils se taisent, Madame, et me vendent leurs lois[2],
À quoi m'exposez-vous ? Par quelle complaisance
Faudra-t-il quelque jour payer leur patience ?
1145 Que n'oseront-ils point alors me demander ?
Maintiendrai-je des lois que je ne puis garder[3] ?

BÉRÉNICE

Vous ne comptez pour rien les pleurs de Bérénice.

TITUS

Je les compte pour rien ? Ah ! ciel ! quelle injustice !

---

1. **Pourquoi m'enviez-vous** : pourquoi regardez-vous d'un œil malveillant, avec haine et hostilité.
2. **Me vendent leurs lois** : renoncent à leurs lois pour me faire chanter ensuite.
3. **Garder** : observer, respecter.

BÉRÉNICE

Quoi ? pour d'injustes lois que vous pouvez changer,
En d'éternels chagrins[1] vous-même vous plonger ?   1150
Rome a ses droits, Seigneur : n'avez-vous pas les vôtres ?
Ses intérêts sont-ils plus sacrés que les nôtres ?
Dites, parlez.

TITUS

Hélas ! Que vous me déchirez !

BÉRÉNICE

Vous êtes empereur, Seigneur, et vous pleurez !

TITUS

Oui, Madame, il est vrai, je pleure, je soupire,   1155
Je frémis. Mais enfin, quand j'acceptai l'empire,
Rome me fit jurer de maintenir ses droits :
Il les faut maintenir. Déjà plus d'une fois
Rome a de mes pareils[2] exercé[3] la constance.
Ah ! si vous remontiez jusques à sa naissance,   1160
Vous les verriez toujours à ses ordres soumis.
L'un, jaloux de sa foi[4], va chez les ennemis
Chercher avec la mort la peine toute prête[5] ;
D'un fils victorieux l'autre proscrit la tête[6] ;
L'autre, avec des yeux secs et presque indifférents,   1165
Voit mourir ses deux fils, par son ordre expirants[7].

---

1. **Chagrins :** douleurs (sens fort).
2. **Mes pareils :** il s'agit des précédents hommes d'État.
3. **Exercé :** mis à l'épreuve.
4. **Jaloux de sa foi :** désirant à tout prix être fidèle à la parole donnée.
5. **L'un... toute prête :** Régulus, qui avait été fait prisonnier des Carthaginois, leur promit de revenir après s'être rendu à Rome, sur leur demande, pour négocier ; il revint effectivement à Carthage, où il fut supplicié.
6. **D'un fils... la tête :** Manlius Torquatus condamna à mort son propre fils, qui avait livré sans son ordre un combat dont il était pourtant sorti vainqueur.
7. **L'autre [...] expirants :** Brutus, l'un des fondateurs de la République romaine, condamna à mort ses deux fils, coupables d'avoir conspiré pour rétablir les Tarquins sur leur trône.

Malheureux ! Mais toujours la patrie et la gloire
Ont parmi les Romains remporté la victoire.
Je sais qu'en vous quittant le malheureux Titus
1170 Passe[1] l'austérité de toutes leurs vertus ;
Qu'elle n'approche point de cet effort insigne ;
Mais, Madame, après tout, me croyez-vous indigne
De laisser un exemple à la postérité
Qui sans de grands efforts ne puisse être imité ?

BÉRÉNICE

1175 Non, je crois tout facile à votre barbarie.
Je vous crois digne, ingrat, de m'arracher la vie.
De tous vos sentiments mon cœur est éclairci.
Je ne vous parle plus de me laisser ici.
Qui ? moi ? j'aurais voulu, honteuse et méprisée,
1180 D'un peuple qui me hait soutenir la risée ?
J'ai voulu vous pousser jusques à ce refus.
C'en est fait, et bientôt vous ne me craindrez plus.
N'attendez pas ici que j'éclate en injures,
Que j'atteste le ciel, ennemi des parjures.
1185 Non, si le ciel encore est touché de mes pleurs,
Je le prie en mourant d'oublier mes douleurs.
Si je forme des vœux contre votre injustice,
Si devant que[2] mourir la triste Bérénice
Vous veut de son trépas laisser quelque vengeur,
1190 Je ne le cherche, ingrat, qu'au fond de votre cœur.
Je sais que tant d'amour n'en peut être effacée ;
Que ma douleur présente et ma bonté passée,
Mon sang, qu'en ce palais je veux même verser,
Sont autant d'ennemis que je vais vous laisser :
1195 Et, sans me repentir de ma persévérance,
Je me remets sur eux de toute ma vengeance.
Adieu.

---

1. **Passe :** dépasse, surpasse.
2. **Devant que :** avant que de ; avant de.

Clefs d'analyse

Acte IV, scène 5.

Compréhension

Le sommet de la pièce

- Définir le double intérêt psychologique et dramatique de cette confrontation.

**Deux amants confrontés
à l'idée d'une rupture inéluctable**

- Quels effets de surprise la progression dramatique de la scène assure-t-elle ?

Réflexion

**Le double aveu de la souffrance extrême
et de la décision inébranlable de Titus**

- Analyser comment les changements d'attitude de Titus au cours de la scène traduisent la violente lutte intérieure qui l'agite.

**La révolte de Bérénice, qui cherche
par tous les moyens à retenir un bonheur
qui lui échappe**

- Analyser les arguments avancés par Bérénice pour convaincre Titus de revenir sur sa décision et les différents sentiments sur lesquels elle mise pour fléchir Titus.

À retenir :

*L'élégie est à l'origine un poème lyrique qui exprime une plainte.
Le registre élégiaque se reconnaît à son ton plaintif
et mélancolique, empreint de douceur et de tendresse,
et à ses thèmes privilégiés, qui tous ont affaire avec le sentiment
de regret provoqué par l'expérience de la perte, de l'absence,
de l'éloignement ou de la fuite – qu'il s'agisse d'un amour passé,
d'une personne aimée en vain, d'un bonheur impossible
ou d'une époque révolue.*

Scène 6 TITUS, PAULIN

PAULIN
Dans quel dessein vient-elle de sortir,
Seigneur ? Est-elle enfin disposée à partir ?

TITUS
Paulin, je suis perdu, je n'y pourrai survivre.
1200 La reine veut mourir. Allons, il faut la suivre.
Courons à son secours.

PAULIN
Hé quoi ! n'avez-vous pas
Ordonné dès tantôt qu'on observe[1] ses pas ?
Ses femmes, à toute heure autour d'elle empressées,
Sauront la détourner de ces tristes pensées.
1205 Non, non, ne craignez rien. Voilà les plus grands coups,
Seigneur : continuez, la victoire est à vous.
Je sais que sans pitié vous n'avez pu l'entendre ;
Moi-même en la voyant je n'ai pu m'en défendre.
Mais regardez plus loin. Songez, en ce malheur,
1210 Quelle gloire va suivre un moment de douleur,
Quels applaudissements l'univers vous prépare,
Quel rang dans l'avenir.

TITUS
Non, je suis un barbare.
Moi-même je me hais. Néron, tant détesté,
N'a point à cet excès poussé sa cruauté.
1215 Je ne souffrirai point que Bérénice expire.
Allons, Rome en dira ce qu'elle en voudra dire.

PAULIN
Quoi ! Seigneur !

TITUS
Je ne sais, Paulin, ce que je dis.
L'excès de la douleur accable mes esprits.

---

1. **Observe** : surveille.

PAULIN

Ne troublez point le cours de votre renommée :
Déjà de vos adieux la nouvelle est semée.   1220
Rome, qui gémissait, triomphe avec raison ;
Tous les temples ouverts fument en votre nom,
Et le peuple, élevant vos vertus jusqu'aux nues,
Va partout de lauriers couronner vos statues.

TITUS

Ah ! Rome ! Ah ! Bérénice ! Ah ! prince malheureux !   1225
Pourquoi suis-je empereur ? Pourquoi suis-je amoureux ?

Scène 7   TITUS, ANTIOCHUS, PAULIN, ARSACE

ANTIOCHUS

Qu'avez-vous fait, Seigneur ? l'aimable[1] Bérénice
Va peut-être expirer dans les bras de Phénice.
Elle n'entend ni pleurs, ni conseils, ni raison ;
Elle implore à grands cris le fer[2] et le poison.   1230
Vous seul vous lui pouvez arracher cette envie :
On vous nomme, et ce nom la rappelle à la vie.
Ses yeux, toujours tournés vers votre appartement,
Semblent vous demander de moment en moment[3].
Je n'y puis résister, ce spectacle me tue.   1235
Que[4] tardez-vous ? Allez vous montrer à sa vue.
Sauvez tant de vertus, de grâces, de beauté,
Ou renoncez, Seigneur, à toute humanité.
Dites un mot.

TITUS

Hélas ! quel mot puis-je lui dire ?
Moi-même en ce moment sais-je si je respire ?   1240

---

1. **Aimable :** digne d'être aimée.
2. **Le fer :** l'épée ou le poignard.
3. **De moment en moment :** sans arrêt.
4. **Que :** pourquoi.

Scène 8 <small>TITUS, ANTIOCHUS, PAULIN, ARSACE, RUTILE</small>

RUTILE

Seigneur, tous les tribuns, les consuls, le sénat,
Viennent vous demander au nom de tout l'État.
Un grand peuple les suit, qui, plein d'impatience,
Dans votre appartement attend votre présence.

TITUS

1245 Je vous entends, grands dieux ! Vous voulez rassurer
Ce cœur que vous voyez tout prêt à s'égarer.

PAULIN

Venez, Seigneur, passons dans la chambre prochaine :
Allons voir le sénat.

ANTIOCHUS

Ah ! courez chez la reine.

PAULIN

Quoi ! vous pourriez, Seigneur, par cette indignité,
1250 De l'Empire à vos pieds fouler la majesté ?
Rome...

TITUS

Il suffit, Paulin, nous allons les entendre.
Prince, de ce devoir je ne puis me défendre.
Voyez la reine. Allez. J'espère à mon retour
Qu'elle ne pourra plus douter de mon amour.

Scène 9 ANTIOCHUS

Arsace, que dis-tu de toute ma conduite ?   1255
Rien ne pouvait tantôt s'opposer à ma fuite,
Bérénice et Titus offensaient mes regards :
Je partais pour jamais. Voilà comme je pars.
Je rentre, et dans les pleurs je retrouve la reine.
J'oublie en même temps ma vengeance et sa haine ;   1260
Je m'attendris aux pleurs qu'un rival fait couler ;
Moi-même à son secours je le viens appeler ;
Et, si sa diligence eût secondé mon zèle,
J'allais, victorieux, le conduire auprès d'elle.
Malheureux que je suis ! avec quelle chaleur   1265
J'ai travaillé sans cesse à mon propre malheur !
C'en est trop. De Titus porte-lui les promesses,
Arsace. Je rougis de toutes mes faiblesses.
Désespéré, confus, à moi-même odieux,
Laisse-moi ; je me veux cacher même à tes yeux.   1270

Synthèse Acte IV

L'acte de l'exaspération tragique

Personnages

Les victimes du conflit tragique

La tension ne cesse de croître au cours de l'acte IV. Les personnages apparaissent de plus en plus menacés par des forces qui les dépassent. Progressivement, l'étau tragique semble se resserrer autour de Bérénice. Tandis que les trois premiers actes la montraient encore désireuse de croire en l'avenir, l'acte IV la représente broyée par la décision de Titus. Le seul véritable espoir pour Bérénice reposait sur un éventuel revirement de celui-ci. Or, dans la longue scène 5 qui fait s'affronter les deux amants comme dans un duel, il réaffirme sa décision de se séparer de sa maîtresse et ne cède pas aux arguments de celle-ci. L'action culmine donc lors de cette explication tant attendue entre Titus et Bérénice, que toutes les autres scènes de l'acte ne font que préparer ou prolonger.

Les personnages sont de plus en plus pathétiques. Bérénice apparaît sur scène au comble du trouble physique et mental (scènes 1 et 2). Quant à Titus, dont Phénice évoque la souffrance (scène 2), son désarroi est si grand que toute présence lui semble intolérable et qu'il éprouve le besoin de rester seul face à lui-même (scène 4). La scène 6 le montre anéanti par la résistance héroïque dont il vient de faire preuve face à celle qu'il aime, accablé par la cruauté de son geste et bouleversé par la menace de suicide de Bérénice. Les scènes qui suivent l'entretien avec Bérénice accentuent encore le conflit tragique qui oppose en Titus deux exigences inconciliables (vers 1225-1226).

Langage

La prépondérance de l'usage rhétorique du langage

À l'instar de Bérénice, qui veut encore croire à son bonheur, le spectateur, qui est à plusieurs reprises témoin des accès de faiblesse et de la souffrance de l'empereur, peut encore espérer un revirement de la part de Titus. À l'acte IV, la situation est encore ouverte. Il n'est donc pas étonnant de voir se multiplier les scènes au cours desquelles Titus se trouve confronté à des interlocuteurs qui, conscients que l'empereur peut encore changer d'avis, essaient de peser sur sa décision définitive. Qu'il s'agisse de Bérénice (scène 5), prête à tout pour sauver leur amour, de Paulin (scène 6), qui parle au nom de Rome et de la raison d'État, ou enfin d'Antiochus (scène 7), mu par l'inquiétude suscitée par les menaces de suicide de Bérénice, tous déploient face à Titus différentes stratégies argumentatives, qui tantôt cherchent à le convaincre, tantôt à le dissuader.

Société

Le reflet des intrigues sentimentales de Louis XIV

Pour les contemporains de Racine, qui se passionnaient pour les intrigues sentimentales de la cour, la figure de Titus renonçant à Bérénice rappelait très fortement celle de Louis XIV renonçant à Marie Mancini, la nièce de Mazarin. Alors que les deux jeunes gens étaient amoureux, ils durent se séparer au nom de la raison d'État, Anne d'Autriche et le ministre Mazarin ayant décidé de marier le roi à l'infante d'Espagne. Si le jeune Louis résista d'abord, il finit par accepter ce mariage politique dans l'intérêt de l'État. Quant à Marie, elle s'exila dans un lieu choisi par Mazarin. Plusieurs témoins des adieux de Louis XIV et de sa maîtresse racontèrent que, au moment de se séparer à jamais, le roi fondit en larmes, et que, Marie lui dit : « Sire, vous êtes roi, et vous pleurez » – formule à laquelle ne pouvait que faire écho, pour les contemporains, celle de Bérénice : « Vous êtes empereur, Seigneur, et vous pleurez ! » (vers 1154).

ACTE V

Scène 1 ARSACE, *seul*

Où pourrai-je trouver ce prince trop fidèle ?
Ciel, conduisez mes pas, et secondez mon zèle.
Faites qu'en ce moment je lui puisse annoncer
Un bonheur où peut-être il n'ose plus penser.

Scène 2 ANTIOCHUS, ARSACE

ARSACE

1275 Ah ! quel heureux destin en ces lieux vous renvoie,
Seigneur ?

ANTIOCHUS

Si mon retour t'apporte quelque joie,
Arsace, rends-en grâce à mon seul désespoir.

ARSACE

La reine part, Seigneur.

ANTIOCHUS

Elle part ?

ARSACE

Dès ce soir.
Ses ordres sont donnés. Elle s'est offensée
1280 Que Titus à ses pleurs l'ait si longtemps laissée.
Un généreux dépit succède à sa fureur :
Bérénice renonce à Rome, à l'empereur,
Et même veut partir avant que Rome instruite
Puisse voir son désordre et jouir de sa fuite.
1285 Elle écrit à César.

ANTIOCHUS

Ô ciel ! qui l'aurait cru ?
Et Titus ?

ARSACE

À ses yeux Titus n'a point paru.
Le peuple avec transport l'arrête et l'environne,
Applaudissant aux noms[1] que le sénat lui donne ;
Et ces noms, ces respects, ces applaudissements
Deviennent pour Titus autant d'engagements   1290
Qui le liant, Seigneur, d'une honorable chaîne[2],
Malgré tous ses soupirs et les pleurs de la reine,
Fixent dans son devoir ses vœux irrésolus.
C'en est fait, et peut-être il ne la verra plus.

ANTIOCHUS

Que de sujets d'espoir, Arsace, je l'avoue !   1295
Mais d'un soin[3] si cruel la fortune me joue[4],
J'ai vu tous mes projets tant de fois démentis
Que j'écoute en tremblant tout ce que tu me dis ;
Et mon cœur, prévenu d'une crainte[5] importune,
Croit, même en espérant, irriter[6] la fortune.   1300
Mais que vois-je ? Titus porte vers nous ses pas.
Que veut-il ?

---

1. **Noms :** titres.
2. **Une honorable chaîne :** une chaîne constituée d'honneurs.
3. **D'un soin :** avec un soin.
4. **La fortune me joue :** le destin me trompe.
5. **Prévenu d'une crainte :** dominé à l'avance par une crainte.
6. **Irriter :** mettre en colère.

Scène 3 TITUS, ANTIOCHUS, ARSACE

TITUS, *en entrant.*

Demeurez : qu'on ne me suive pas.
Enfin, Prince, je viens dégager ma promesse.
Bérénice m'occupe et m'afflige sans cesse.
1305 Je viens, le cœur percé de vos pleurs et des siens,
Calmer des déplaisirs moins cruels que les miens.
Venez, Prince, venez. Je veux bien que vous-même
Pour la dernière fois vous voyez si je l'aime.

Scène 4 ANTIOCHUS, ARSACE

ANTIOCHUS

Hé bien ! voilà l'espoir que tu m'avais rendu ;
1310 Et tu vois le triomphe où j'étais attendu [1].
Bérénice partait justement irritée !
Pour ne la plus revoir, Titus l'avait quittée !
Qu'ai-je donc fait, grands dieux ? Quel cours infortuné
À ma funeste vie aviez-vous destiné ?
1315 Tous mes moments ne sont qu'un éternel passage
De la crainte à l'espoir, de l'espoir à la rage.
Et je respire encor ? Bérénice ! Titus !
Dieux cruels ! de mes pleurs vous ne vous rirez plus.

---

1. **Où j'étais attendu :** qui m'attendait.

108

Scène 5 TITUS, BÉRÉNICE, PHÉNICE

BÉRÉNICE

Non, je n'écoute rien. Me voilà résolue :
Je veux partir. Pourquoi vous montrer à ma vue ?   1320
Pourquoi venir encore aigrir mon désespoir ?
N'êtes-vous pas content ? Je ne veux plus vous voir.

TITUS

Mais, de grâce, écoutez.

BÉRÉNICE

Il n'est plus temps.

TITUS

Madame,

Un mot.

BÉRÉNICE

Non.

TITUS

Dans quel trouble elle jette mon âme !
Ma princesse, d'où vient ce changement soudain ?   1325

BÉRÉNICE

C'en est fait. Vous voulez que je parte demain ;
Et moi, j'ai résolu de partir tout à l'heure ;
Et je pars.

TITUS

Demeurez.

BÉRÉNICE

Ingrat, que je demeure !
Et pourquoi ? Pour entendre un peuple injurieux
Qui fait de mon malheur retentir tous ces lieux ?   1330
Ne l'entendez-vous pas, cette cruelle joie,
Tandis que dans les pleurs moi seule je me noie ?

Quel crime, quelle offense a pu les[1] animer ?
Hélas ! et qu'ai-je fait que[2] de vous trop aimer ?

TITUS

1335   Écoutez-vous, Madame, une foule insensée ?

BÉRÉNICE

Je ne vois rien ici dont je ne sois blessée.
Tout cet appartement préparé par vos soins,
Ces lieux, de mon amour si longtemps les témoins,
Qui semblaient pour jamais me répondre du vôtre,
1340   Ces festons[3], où nos noms enlacés l'un dans l'autre
À mes tristes regards viennent partout s'offrir,
Sont autant d'imposteurs que je ne puis souffrir.
Allons, Phénice.

TITUS

Ô ciel ! que vous êtes injuste !

BÉRÉNICE

Retournez, retournez vers ce sénat auguste
1345   Qui vient vous applaudir de votre cruauté.
Hé bien, avec plaisir l'avez-vous écouté ?
Êtes-vous pleinement content de votre gloire ?
Avez-vous bien promis d'oublier ma mémoire ?
Mais ce n'est pas assez expier vos amours :
1350   Avez-vous bien promis de me haïr toujours ?

TITUS

Non, je n'ai rien promis. Moi, que je vous haïsse !
Que je puisse jamais oublier Bérénice !
Ah ! dieux ! dans quel moment son injuste rigueur
De ce cruel soupçon vient affliger mon cœur !
1355   Connaissez-moi[4], Madame, et depuis cinq années,
Comptez tous les moments et toutes les journées
Où par plus de transports et par plus de soupirs

---

1. **Les :** les gens de ce « peuple injurieux » (vers 1313).
2. **Que :** d'autre que.
3. **Festons :** broderies.
4. **Connaissez-moi :** reconnaissez mes véritables sentiments.

Je vous ai de mon cœur exprimé les désirs :
Ce jour surpasse tout. Jamais, je le confesse,
Vous ne fûtes aimée avec tant de tendresse ;   1360
Et jamais...

BÉRÉNICE

      Vous m'aimez, vous me le soutenez,
Et cependant je pars, et vous me l'ordonnez !
Quoi ! dans mon désespoir trouvez-vous tant de charmes ?
Craignez-vous que mes yeux versent trop peu de larmes ?
Que me sert de ce cœur l'inutile retour ?   1365
Ah ! cruel ! par pitié montrez-moi moins d'amour.
Ne me rappelez point une trop chère idée,
Et laissez-moi du moins partir persuadée
Que déjà de votre âme exilée en secret,
J'abandonne un ingrat qui me perd sans regret.   1370
(Il lit une lettre.)
Vous m'avez arraché ce que je viens d'écrire.
Voilà de votre amour tout ce que je désire.
Lisez, ingrat, lisez, et me laissez sortir.

TITUS

Vous ne sortirez point, je n'y puis consentir.
Quoi ? ce départ n'est donc qu'un cruel stratagème ?   1375
Vous cherchez à mourir ? Et de tout ce que j'aime
Il ne restera plus qu'un triste souvenir ?
Qu'on cherche Antiochus, qu'on le fasse venir.
(Bérénice se laisse tomber sur un siège.)

TITUS.

Vous cherchez à mourir! et de tout ce que j'aime
Il ne restera plus qu'un triste souvenir!

Calmé inv.t   C. Normand sc.

Titus et Bérénice, acte V, scène 5. Gravure de Normand,
d'après Calmé.

Scène 6 TITUS, BÉRÉNICE

TITUS

Madame, il faut vous faire un aveu véritable[1].
Lorsque j'envisageai le moment redoutable   1380
Où, pressé par les lois d'un austère devoir,
Il fallait pour jamais renoncer à vous voir ;
Quand de ce triste adieu je prévis les approches,
Mes craintes, mes combats, vos larmes, vos reproches,
Je préparai mon âme à toutes les douleurs   1385
Que peut faire sentir le plus grand des malheurs.
Mais, quoi que je craignisse, il faut que je le die[2],
Je n'en avais prévu que la moindre partie ;
Je croyais ma vertu[3] moins prête à succomber
Et j'ai honte du trouble où je la vois tomber.   1390
J'ai vu devant mes yeux Rome entière assemblée ;
Le sénat m'a parlé ; mais mon âme accablée
Écoutait sans entendre, et ne leur a laissé
Pour prix de leurs transports qu'un silence glacé.
Rome de votre sort est encore incertaine :   1395
Moi-même à tous moments je me souviens à peine
Si je suis empereur ou si je suis romain[4].
Je suis venu vers vous sans savoir mon dessein.
Mon amour m'entraînait ; et je venais peut-être
Pour me chercher moi-même, et pour me reconnaître.   1400
Qu'ai-je trouvé ? Je vois la mort peinte en vos yeux ;
Je vois, pour la[5] chercher, que vous quittez ces lieux :
C'en est trop. Ma douleur, à cette triste vue,

---

1. **Véritable :** sincère.
2. **Die :** dise.
3. **Vertu :** fermeté d'âme, courage.
4. **Romain :** ici, simple citoyen romain soumis aux lois de Rome.
5. **La :** la mort.

À son dernier excès[1] est enfin parvenue.
1405 Je ressens tous les maux que je puis ressentir ;
Mais je vois le chemin par où j'en puis sortir.
Ne vous attendez point que las de tant d'alarmes,
Par un heureux hymen je tarisse vos larmes.
En quelque extrémité que vous m'ayez réduit,
1410 Ma gloire inexorable à toute heure me suit ;
Sans cesse elle présente à mon âme étonnée
L'empire incompatible avec votre hyménée[2],
Me dit qu'après l'éclat et les pas que j'ai faits,
Je dois vous épouser encor moins que jamais.
1415 Oui, Madame ; et je dois moins encore vous dire
Que je suis prêt pour vous d'abandonner[3] l'empire,
De vous suivre, et d'aller trop content de mes fers[4],
Soupirer avec vous au bout de l'univers.
Vous-même rougiriez de ma lâche conduite :
1420 Vous verriez à regret marcher à votre suite
Un indigne empereur, sans empire, sans cour,
Vil spectacle aux humains des faiblesses d'amour.
Pour sortir des tourments dont mon âme est la proie,
Il est, vous le savez, une plus noble voie[5].
1425 Je me suis vu, Madame, enseigner ce chemin
Et par plus d'un héros et par plus d'un Romain :
Lorsque trop de malheurs ont lassé leur constance,
Ils ont tous expliqué cette persévérance
Dont le sort s'attachait à les persécuter,
1430 Comme un ordre secret de ne plus résister[6].
Si vos pleurs plus longtemps viennent frapper ma vue,
Si toujours à mourir je vous vois résolue,

---

1. **Dernier excès :** comble.
2. **Votre hyménée :** notre mariage.
3. **D'abandonner :** à abandonner.
4. **Fers :** métaphore galante désignant les chaînes de l'esclavage amoureux.
5. **Une plus noble voie :** il s'agit du suicide.
6. **Ne plus résister :** ne plus s'opposer aux signes du destin qui conseillent de mourir.

S'il faut qu'à tous moments je tremble pour vos jours,
Si vous ne me jurez d'en respecter le cours,
Madame, à d'autres pleurs vous devez vous attendre.   1435
En l'état où je suis je puis tout entreprendre,
Et je ne réponds pas que ma main à vos yeux
N'ensanglante à la fin nos funestes adieux.

BÉRÉNICE

Hélas !

TITUS

     Non, il n'est rien dont je ne sois capable.
Vous voilà de mes jours maintenant responsable.   1440
Songez-y bien, Madame. Et si je vous suis cher...

Scène 7   TITUS, BÉRÉNICE, ANTIOCHUS

TITUS

Venez, Prince, venez, je vous ai fait chercher.
Soyez ici témoin de toute ma faiblesse ;
Voyez si c'est aimer avec peu de tendresse :
Jugez-nous.   1445

ANTIOCHUS

     Je crois tout : je vous connais tous deux.
Mais connaissez vous-même un prince malheureux.
Vous m'avez honoré, Seigneur, de votre estime ;
Et moi, je puis ici vous le jurer sans crime [1],
À vos plus chers amis j'ai disputé ce rang :
Je l'ai disputé même aux dépens de mon sang.   1450
Vous m'avez, malgré moi, confié l'un et l'autre,
La reine son amour, et vous, Seigneur, le vôtre.
La reine, qui m'entend, peut me désavouer :
Elle m'a vu toujours, ardent à vous louer,

---

1. **Sans crime :** sans qu'on puisse m'accuser de mensonge.

1455 Répondre par mes soins à votre confidence[1].
Vous croyez m'en devoir quelque reconnaissance ;
Mais le pourriez-vous croire en ce moment fatal,
Qu'un ami si fidèle était votre rival ?]

TITUS

Mon rival !

ANTIOCHUS

        Il est temps que je vous éclaircisse.
1460 Oui, Seigneur, j'ai toujours adoré Bérénice.
Pour ne la plus aimer, j'ai cent fois combattu.
Je n'ai pu l'oublier ; au moins je me suis tu.
De votre changement la flatteuse apparence
M'avait rendu tantôt quelque faible espérance.
1465 Les larmes de la reine ont éteint cet espoir.
Ses yeux, baignés de pleurs, demandaient à vous voir.
Je suis venu, Seigneur, vous appeler moi-même ;
Vous êtes revenu. Vous aimez, on vous aime ;
Vous vous êtes rendu : je n'en ai point douté.
1470 Pour la dernière fois je me suis consulté ;
J'ai fait de mon courage une épreuve dernière ;
Je viens de rappeler ma raison tout entière :
Jamais je ne me suis senti plus amoureux.
Il faut d'autres efforts pour rompre tant de nœuds :
1475 Ce n'est qu'en expirant que je puis les détruire ;
J'y cours. Voilà de quoi j'ai voulu vous instruire.
Oui, Madame, vers vous j'ai rappelé ses pas :
Mes soins[2] ont réussi, je ne m'en repens pas.
Puisse le ciel verser sur toutes vos années
1480 Mille prospérités l'une à l'autre enchaînées !
Ou s'il vous garde encore un reste de courroux,
Je conjure les dieux d'épuiser tous les coups
Qui pourraient menacer une si belle vie[3],
Sur ces jours malheureux que je vous sacrifie.

---

1. **Confidence :** confiance.
2. **Mes soins :** mes efforts pour vous réconcilier.
3. **Une si belle vie :** celle de Bérénice.

BÉRÉNICE, *se levant.*

Arrêtez, arrêtez. Princes trop généreux,   1485
En quelle extrémité me jetez-vous tous deux !
Soit que je vous[1] regarde, ou que je l'envisage[2],
Partout du désespoir je rencontre l'image.
Je ne vois que des pleurs, et je n'entends parler
Que de trouble, d'horreurs, de sang prêt à couler.   1490
(À Titus.)
Mon cœur vous est connu, Seigneur, et je puis dire
Qu'on ne l'a jamais vu soupirer pour l'empire.
La grandeur des Romains, la pourpre des Césars
N'a point, vous le savez, attiré mes regards.
J'aimais, Seigneur, j'aimais, je voulais être aimée.   1495
Ce jour[3], je l'avoûrai[4], je me suis alarmée :
J'ai cru que votre amour allait finir son cours.
Je connais mon erreur, et vous m'aimez toujours.
Votre cœur s'est troublé, j'ai vu couler vos larmes :
Bérénice, Seigneur, ne vaut point tant d'alarmes,   1500
Ni que[5] par votre amour l'univers malheureux,
Dans le temps que Titus attire tous ses vœux
Et que de vos vertus il goûte les prémices,
Se voie[6] en un moment enlever ses délices[7].
Je crois, depuis cinq ans jusqu'à ce dernier jour,   1505
Vous avoir assuré d'un véritable amour.
Ce n'est pas tout : je veux, en ce moment funeste,
Par un dernier effort couronner tout le reste :
Je vivrai, je suivrai vos ordres absolus.
Adieu, Seigneur, régnez : je ne vous verrai plus.   1510

---

1. **Vous :** Bérénice parle à Antiochus.
2. **L'envisage :** Bérénice regarde le visage de Titus.
3. **Ce jour :** aujourd'hui.
4. **Avoûrai :** avouerai.
5. **Ni que :** et ne vaut pas non plus que.
6. **Se voie :** a pour sujet « l'univers ».
7. **Délices :** selon Suétone, Titus fut surnommé « les délices du genre humain ».

(À Antiochus.)
Prince, après cet adieu, vous jugez bien vous-même
Que je ne consens pas de¹ quitter ce que j'aime
Pour aller loin de Rome écouter d'autres vœux².
Vivez, et faites-vous un effort généreux.
1515   Sur Titus et sur moi réglez votre conduite.
Je l'aime, je le fuis ; Titus m'aime, il me quitte.
Portez loin de mes yeux vos soupirs et vos fers.
Adieu : servons tous trois d'exemple à l'univers
De l'amour la plus tendre et la plus malheureuse
1520   Dont il puisse garder l'histoire douloureuse.
Tout est prêt. On m'attend. Ne suivez point mes pas.
(À Titus.)
Pour la dernière fois, adieu, Seigneur.

ANTIOCHUS

Hélas !

---

1. **Je ne consens pas de :** je ne consens pas à.
2. **Vœux :** ici, déclarations d'amour.

Gravure de Massard pour l'acte V.

Clefs d'analyse

Acte V, scène 7.

Compréhension

> Une scène de dénouement
> qui intervient alors que la tension
> dramatique est à son comble

- Définir en quoi les vers 1470-1474 résument parfaitement l'atmosphère oppressante et tragique qui règne sur le dernier acte.
- Repérer précisément à quel moment le dénouement intervient.

> Un retournement final qui met en scène
> l'évolution intérieure de Bérénice

- Chercher comment les exemples de conduite héroïque offerts par Titus et Antiochus avant la prise de parole finale de Bérénice ont pu aider celle-ci dans la voie du renoncement et de la générosité.

Réflexion

> La figure pathétique de Bérénice

- Analyser les raisons du renoncement de Bérénice.

> Un sursaut héroïque qui fait accéder
> les personnages à la grandeur tragique

- Montrer comment Bérénice résume de façon lucide la situation passée, présente et à venir.

À retenir :

Les théoriciens du XVIIe siècle définissent un dénouement réussi par trois critères. D'abord, il doit être bref. Ensuite, il doit être clair et complet, c'est-à-dire qu'il doit régler le sort de tous les personnages. Enfin, il doit apparaître nécessaire, c'est-à-dire appelé par tout ce qui précède dans la pièce, sans qu'il soit besoin d'apporter des éléments nouveaux.

Synthèse Acte V

Un acte de dénouement qui ménage jusqu'au bout l'intérêt dramatique

Personnages

> Les dernières oscillations de Bérénice
> avant sa conversion tragique

Le dernier acte est tout en contrastes et en revirements, ce qui maintient jusqu'au bout l'intérêt du spectateur. Sur scène se déroule en effet une succession d'actions qui porte la tension dramatique à son comble, d'autant plus que la mort est de plus en plus souvent évoquée par les personnages. Le sort de Bérénice est ainsi constamment remis en question. Tantôt le spectateur craint qu'elle ne se suicide, tantôt il croit qu'elle s'apprête à partir, tantôt il se prend à espérer une réconciliation des deux amants, avant que le dernier revirement de la pièce ne vienne sceller le sort de trois personnages malheureux mais héroïques, et dont le destin se résume à la séparation, à la souffrance et à la solitude (vers 1500-1501).

Langage

> Maîtrise du langage, maîtrise de soi

Le dernier acte montre Titus (V, 6) et Bérénice (V, 7) enfin maîtres d'eux-mêmes et de leur langage. C'est Titus qui y parvient le premier. L'affirmation de sa décision – après son annonce hésitante à Paulin et l'échec de la première confrontation avec Bérénice – est de plus en plus maîtrisée, que ce soit face à Antiochus (III, 1) ou à Bérénice (IV, 5). À la scène 6 de l'acte V, Titus est en pleine possession de lui-même et de son langage : son propos est ferme, clair, construit et argumenté ; il affiche une parfaite maîtrise de lui-même et une connaissance lucide de ses sentiments comme de ses devoirs. Quant à Bérénice, sa dernière prise de parole montre qu'elle a entendu les appels à l'héroïsme de Titus (V, 7, vers 1045-1061) et qu'elle est à son tour capable de s'élever à la grandeur sublime du renoncement. Cette ultime intervention permet de mesurer le chemin qu'elle a parcouru. En effet, alors que tout au long de la pièce Bérénice s'exprime avec une spontanéité souvent violente (colère, reproches, accusations injustes, chantage au suicide), sa dernière tirade manifeste une lucidité volontaire, une maîtrise d'elle-même et de ses passions : elle résume et analyse clairement la situation avant de fixer le sort de chacun des personnages.

Société

La représentation d'un héroïsme douloureux qui correspond au changement de sensibilité du public

Certes, le dénouement met en scène l'« effort » généreux et sublime de Bérénice qui fait accéder les trois personnages (Titus, Bérénice, Antiochus) à la grandeur héroïque (vers 1502-1504). Pourtant, l'esthétique et l'éthique de Racine ne sont pas celles de Corneille et de sa génération. Chez l'auteur de *Bérénice*, la volonté héroïque ne triomphe plus sans laisser une impression de profonde mélancolie (accentuée par le personnage d'Antiochus, dont le dernier mot place le dénouement sous le signe de la déploration et de la plainte). À y regarder de plus près, Bérénice n'est pas une héroïne exaltée. Elle n'agit pas par désir de gloire, mais seulement parce qu'elle veut mettre fin au désarroi qui règne autour d'elle (vers 1470-1474). Elle ne renonce pas à Titus parce qu'elle est convertie aux valeurs romaines, mais parce qu'elle veut prouver une dernière fois l'amour qu'elle a pour lui (vers 1489-1493). Elle ne prétend pas donner l'exemple du courage ou de l'héroïsme, mais simplement celui « de l'amour la plus tendre et la plus malheureuse » (vers 1503). Elle ne célèbre pas les valeurs glorieuses auxquelles elle obéit, mais déplore douloureusement l'impossibilité pour elle d'aimer et d'être aimée (vers 1479). Bref, si Bérénice accède au renoncement tragique, c'est plutôt en victime consentante et résignée. Ce qui domine dans ce dénouement, ce n'est donc pas l'héroïsme, mais la sensibilité et le « véritable amour » (vers 1490) de Bérénice.

POUR
APPROFONDIR

Genre, action, personnages

Genre et registre

Qu'est-ce qu'une tragédie à l'époque classique ?

D'après la doctrine classique (qui s'inspire largement de la *Poétique* du philosophe grec Aristote), une tragédie est une pièce de théâtre en vers (en alexandrins), divisée en cinq actes, dont l'action comporte une exposition, un nœud, des péripéties et un dénouement. Elle présente une situation inextricable et fatale au sein de laquelle des exigences contraires s'affrontent : c'est ce qu'on appelle le « conflit tragique ». La tragédie met en scène des héros, personnages illustres (légendaires ou historiques) de rang élevé.

La tragédie est un genre théâtral dont l'écriture obéit en outre à un certain nombre de principes, les « règles » (auxquelles Racine fait allusion dans la préface de *Bérénice*). Premièrement, la règle des trois unités établit que l'intrigue ne doit pas durer plus de vingt-quatre heures (unité de temps), doit se dérouler en un seul lieu (unité de lieu) et doit être unique (unité d'action) : « Qu'en un lieu en un jour un seul fait accompli/ Tienne jusqu'à la fin le théâtre rempli » (Boileau, *Art poétique*). Deuxièmement, la règle de vraisemblance exige que l'action dramatique soit crédible : la tragédie doit représenter une fiction qui paraisse plausible au spectateur. Troisièmement, la tragédie doit respecter la bienséance, c'est-à-dire l'ensemble des principes moraux, religieux, sociaux et littéraires auxquels une œuvre doit se conformer pour ne pas choquer les idées et les goûts du public.

Le respect des règles de la tragédie classique dans Bérénice

Dans *Bérénice*, non seulement Racine respecte ces trois règles, mais surtout il en exploite au maximum l'effet dramatique, notamment en ce qui concerne la règle des trois unités. C'est ainsi que, en respectant l'unité de lieu, Racine accroît l'impression qu'a le spectateur d'un huis clos étouffant. Ce lieu, que la didascalie initiale présente comme « un cabinet qui est entre l'appartement de Titus et celui de Bérénice », est significatif : se caractérisant d'emblée par sa « pompe » (vers 1), il est placé sous le signe du pouvoir et annonce déjà l'enjeu essentiel de la tragédie ; de plus, c'est un lieu de rencontre et de passage (vers 5-8) entre des appartements distincts et séparés.

L'unité de temps, parfaitement respectée, est elle aussi exploitée à des fins dramaturgiques : Racine s'en sert pour accroître l'intensité dramatique d'une crise brève, violente et décisive. La journée représentée sur scène (évoquée par Bérénice lors du dénouement au vers 1480) est capitale pour les trois personnages principaux, puisqu'elle fixe leur destinée : après les huit jours de deuil qui ont suivi la mort de son père (vers 55-56, 153 et 580), Titus doit décider du sort de Bérénice auquel est lié son propre sort, ainsi que celui d'Antiochus. Cette journée, appelée à mettre fin aux incertitudes de Bérénice (vers 151-152), doit donc soit couronner cinq ans d'amour (vers 545 et 1339) par le mariage (vers 59-60 et 443-444), soit y mettre un terme. Le présent est en fait le résultat d'un long passé, durant lequel les menaces ont été ignorées et les décisions à prendre repoussées (II, 2). D'où la violence aiguë du présent scénique, lourd du poids de ce passé.

Racine se conforme enfin à la règle de l'unité d'action et à ses deux critères. D'une part, la tragédie doit représenter « une action une et formant un tout » (Aristote, *Poétique*). L'action dans *Bérénice* peut effectivement se résumer à la question suivante : Titus, qui a déjà pris la décision de renvoyer Bérénice avant que la pièce ne commence (vers 343), parviendra-t-il à faire comprendre et admettre à Bérénice la nécessité de leur rupture ? D'autre part, une pièce respecte l'unité d'action quand l'intrigue secondaire est nécessaire à sa compréhension et quand elle a une influence sur le déroulement de l'action principale, du début de la pièce jusqu'au dénouement – ce qui exclut l'intervention tardive d'événements attribués au hasard. Tel est bien le cas de l'amour d'Antiochus pour Bérénice, indissociable de l'intrigue principale.

Dans *Bérénice*, Racine respecte donc strictement les règles de la tragédie classique. Pourtant, cette pièce est la plus originale de ses tragédies. Cette originalité frappa tellement ses contemporains que Racine se sentit obligé de justifier dans sa préface ce que les critiques avaient pointé comme des défauts : absence de péripéties, simplicité excessive de l'intrigue, absence de sang au dénouement – autant de caractéristiques qui apparentaient davantage la pièce à une élégie qu'à une tragédie.

Un nouvelle esthétique tragique

La tragédie et le tragique ne coïncident pas forcément. Si *Bérénice* s'éloigne en divers points (cités ci-dessus) du genre de la tragédie telle que la définissent les théoriciens du théâtre, en revanche, il s'agit bien d'une pièce dont le registre est tragique.

Alors que l'issue de la tragédie classique est généralement fatale, le dénouement de *Bérénice* ne fait pas intervenir la mort (évitée de justesse). Racine, conscient de cet écart, s'en explique clairement dans sa préface : « Ce n'est point une nécessité qu'il y ait du sang et des morts dans une tragédie [...] ». Ce que recherche l'auteur, c'est l'expression d'une situation tragique. Est tragique ce qui relève de la fatalité : le registre tragique met en évidence l'impuissance des hommes face à des forces qui les dépassent ; il représente l'échec de la liberté humaine, qui s'exerce en vain. À cet égard, *Bérénice* est pleinement une pièce tragique, dans la mesure où elle représente un enchaînement inexorable dont les personnages sont victimes. Le caractère implacable du destin est d'ailleurs mis en valeur tout au long de la pièce par l'ironie tragique : tandis que le personnage, ignorant le sort qui lui est réservé, croit maîtriser son destin, le spectateur comprend qu'en réalité tout est joué d'avance et que les efforts des protagonistes sont inutiles face à une fatalité toute-puissante. Bref, le dénouement de *Bérénice* est fatal, au sens étymologique du terme (*fatum* : le destin).

Le tragique résulte du caractère inéluctable de la situation imposée aux personnages. C'est ainsi que Bérénice ne meurt pas, mais se voit contrainte d'accepter la séparation d'avec Titus, ce qui est suffisamment tragique aux yeux de Racine : « [...] le dernier adieu qu'elle dit à Titus, et l'effort qu'elle se fait pour s'en séparer, n'est pas le moins tragique de la pièce ; et j'ose dire qu'il renouvelle assez bien dans le cœur des spectateurs l'émotion que le reste y avait pu exciter » (préface). Il existe une forme de tragique proprement racinien, celui des héros marqués par le destin et conscients de leur voie douloureuse. Ainsi Titus insiste-t-il sur la toute-puissance de la fatalité (II, 2), qui prend la forme du devoir impérial, et même sur « le choix des dieux contraire à [s]es amours » (vers 463-466). De même, Bérénice comprend finalement que la situation qu'ils vivent leur est imposée par le destin (vers 1500) : « Je l'aime, je le fuis ; Titus m'aime, il me quitte. » *Bérénice* explore donc une nouvelle esthétique tragique, placée sous le signe de la « tristesse majestueuse », qui se caractérise par la prépondérance du lyrisme élégiaque, par opposition à la violence et à l'héroïsme attendus dans une tragédie.

L'action

L'étude de l'action et celle des personnages sont indissociables dans la mesure où ces derniers se définissent bien moins par leurs caractéristiques psychologiques que par leur fonction au sein de la progression dramatique, leur situation hiérarchique dans le système des personnages, leurs rapports de force et l'évolution de leurs relations.

Genre, action, personnages

Une tragédie caractérisée par sa grande « simplicité d'action »

Bérénice repose sur des choix esthétiques qui tous répondent aux exigences – déjà formulées par Racine dans la préface de *Britannicus* – d'« une action simple, chargée de peu de matière ». Le système dramatique de la pièce se caractérise donc par la simplification (les péripéties, réduites au minimum, ne proviennent jamais de l'extérieur, mais simplement de l'évolution intérieure des personnages), l'épuration (le système des personnages se réduit à trois personnages principaux, trois confidents et un messager), la concentration (le sujet, comme l'indique Racine au début de sa préface, ne consiste qu'en une seule phrase latine), la réduction (la pièce ne comporte que 1506 vers).

L'action repose sur la question fondamentale que se pose le spectateur tout au long de la pièce : est-ce que l'empereur Titus inaugurera son règne en épousant Bérénice, une reine étrangère, bafouant ainsi la loi romaine (vers 377-378), ou bien est-ce que, obéissant à son devoir, il congédiera celle qu'il aime et dont il est aimé ? Le schéma narratif de la pièce est ainsi très facile à suivre. L'exposition (de l'acte I aux deux premières scènes de l'acte II) présente la situation et les personnages en dévoilant successivement les points de vue d'Antiochus, de Bérénice et de Titus). Puis l'action se noue (suite de l'acte II et acte III) : incapable d'annoncer sa décision à Bérénice, Titus fait d'Antiochus son intermédiaire auprès de celle-ci. Les péripéties se succèdent au cours de l'acte IV (qui culmine dans la scène de confrontation entre les deux amants, où Titus explique clairement à Bérénice qu'il la renvoie) et dans les premières scènes de l'acte V. L'émotion est alors à son comble, et plusieurs solutions sont encore possibles (revirement de Titus, départ de Bérénice, suicide). Enfin le dénouement intervient à la dernière scène : Bérénice, victime

consentante, accepte de partir et exige de Titus et d'Antiochus le même renoncement et la même volonté de vivre.

Les différentes sortes de péripéties propres
à renouveler l'intérêt du spectateur

Racine, dans sa préface, revendique une action « simple », soutenue par la violence des passions ». Afin de toucher et
d'émouvoir le spectateur, il choisit de mettre en scène dans sa
tragédie des « passions [qui] y soient excitées », c'est-à-dire
l'évolution des passions éprouvées par les protagonistes face
aux difficultés qu'ils rencontrent. Ce sont ces péripéties
d'ordre purement moral ou sentimental qui alimentent la
pièce.

D'abord, chacun des personnages connaît de douloureuses
oscillations. Titus balance entre faiblesse et fermeté. Tantôt le
spectateur mesure le caractère irrévocable de sa décision (II,
2 ; IV, 5 ; V, 6), tantôt il se prend à espérer que l'empereur va y
renoncer. Le jeu entre les exigences contradictoires de Titus
(sa passion, ancienne, pour Bérénice et celle, nouvelle, pour sa
gloire) suscite ainsi l'intérêt et l'attente du spectateur. Il en va
de même pour l'évolution intérieure de Bérénice, dont le spectateur assiste à la prise de conscience progressive : il est ainsi
témoin de ses illusions (I, 5 ; II, 5), de son refus d'admettre la
vérité (II, 3), de sa douleur et de son désespoir croissants (IV, 1
et 2), de ses derniers sursauts de révolte (IV, 5) et, finalement,
de son acceptation pleine de générosité (V, 7). Même si le
spectateur connaît souvent dès le départ l'anecdote de Suétone, il épouse les angoisses mais aussi les espoirs de Bérénice,
se demandant à plusieurs moments de la pièce si l'héroïne ne
va pas renverser la situation. Enfin, le personnage d'Antiochus
permet lui aussi d'introduire dans la pièce un certain nombre
de péripéties. Le sort d'Antiochus, qui aime Bérénice sans en
être aimé, dépend en fait largement des décisions de Titus.
Celles-ci n'étant pas toujours claires, le « prince malheureux »

(vers 685) ne cesse d'osciller entre des espoirs furtifs et les démentis que lui apportent presque aussitôt les faits (vers 1299-1300) – oscillations qui se traduisent notamment par ses hésitations quant à l'appréciation de son sort (I, 2 ; III, 2 et 4 ; V, 2 et 4) et quant à l'opportunité de son départ.

En outre, l'intérêt dramatique est renouvelé par les chantages au suicide auxquels se livrent Bérénice (IV, 5 ; V, 5) et Titus (V, 6), ainsi que par les velléités suicidaires d'Antiochus (IV, 7 ; V, 4 et 7), qui suscitent chez le spectateur une attente angoissée.

Une dramaturgie fondée sur les difficultés de communication entre les personnages

L'action de *Bérénice* est « circonscrite aux pouvoirs de la parole [...] : elle consiste pour Titus à s'expliquer afin de convaincre Bérénice de se laisser persuader d'accepter cette séparation [...] » (Georges Forestier). De fait, la pièce ne cesse de mettre en scène les difficultés de communication entre les êtres (voir les synthèses des actes I et II). C'est ainsi que le rythme dramatique est fondé sur les mouvements et les trajectoires de personnages qui tantôt se fuient, tantôt se cherchent. Dès l'acte I, Bérénice formule sa volonté de voir Titus (vers 323-324) et fait irruption devant lui (II, 3), à un moment où l'empereur est pris d'un mouvement de recul et de fuite, apeuré à l'idée d'annoncer sa décision à sa maîtresse et finalement incapable de lui parler. À l'acte II, alors que Bérénice cherche Titus, c'est Antiochus qu'elle rencontre (vers 849-854). Alors qu'elle a pris connaissance de la volonté de l'empereur et qu'elle refuse d'admettre celle-ci, elle envoie Phénice le chercher (IV, 1 et 2). Ce n'est qu'à l'acte IV que Bérénice parvient enfin à voir son amant et à lui parler ; c'est le sommet de la pièce. Mais si Bérénice s'est tant acharnée à provoquer cette entrevue, à partir du moment où elle entend la décision de Titus de sa propre bouche, loin de rechercher la présence de celui-ci, elle veut désormais le fuir (vers 1303-1304). Les mouvements des héros s'inversent alors : Titus, qui fuyait jusque-là Bérénice, veut lui parler, alors que celle-ci, qui cherchait désespérément son amant, refuse désormais de l'écouter (V, 5). Tels sont les mouvements de fuite et de quête qui maintiennent l'intérêt du public.

Les personnages

> *L'intensité dramatique d'une pièce construite sur des rapports de force*

L'intensité dramatique de la pièce résulte en grande partie des rapports de force qui existent entre les personnages, voire entre certaines entités abstraites qui déterminent la progression de l'action tragique. Parmi les forces en présence, il faut en effet ajouter aux trois personnages principaux Rome, avec ses lois, ses traditions historiques et morales, son regard et son jugement. Le thème du conflit entre l'amour et la raison d'État, particulièrement apprécié des contemporains de Racine, fournit l'intrigue même de la pièce. Ce thème a en lui-même une grande efficacité dramatique, puisqu'il impose aux héros de faire un choix. Il offre aussi de multiples ressources rhétoriques, le conflit tragique donnant lieu à des dialogues sous haute tension ou encore à l'expression du dilemme tragique sous la forme du monologue délibératif. Il possède en outre une puissante intensité tragique, puisque l'amour est condamné d'avance et que le renoncement est inéluctable.

L'intensité dramatique est également entretenue par l'accès progressif de tous les personnages à la grandeur tragique. Le but suprême de Titus est de veiller à sa « gloire », si souvent évoquée, et de défendre sa dignité impériale, c'est-à-dire de correspondre à l'image qu'il se fait de lui-même en tant qu'empereur. Dans cette conception de la gloire interviennent des valeurs qui dépassent l'individu : en renvoyant

Genre, action, personnages

Bérénice, Titus entend assumer ses devoirs et se conformer aux lois de Rome. L'appel de l'honneur est pour lui irrésistible, même si toute la pièce montre la difficulté à accorder ses actes à l'image qu'il a de lui-même et de ses devoirs. Accéder à la grandeur du héros tragique, c'est renoncer à son amour pour accomplir son devoir. Or ce sacrifice suppose le soutien de ses partenaires (vers 1055-1060). Ce n'est pourtant qu'à l'extrême fin de la pièce que Bérénice (vers 1502-1504) et même Antiochus renoncent à la passion amoureuse pour ne laisser parler que la gloire. La pièce repose ainsi sur le décalage pathétique entre Titus, qui à la mort de son père a compris son devoir, et Bérénice et Antiochus, pour lesquels l'accès au renoncement est beaucoup plus long.

Les amours décalées et contrariées de trois personnages pathétiques

Les trois personnages apparaissent voués à souffrir et à faire souffrir. De fait, leur amour est soit à sens unique (l'amour d'Antiochus pour Bérénice), soit condamné (l'amour qui lie Titus et Bérénice), ce qui dessine une « chaîne galante » : « Antiochus aime Bérénice, qui ne l'aime pas, qui aime Titus... qui ne veut plus l'aimer » (Alain Viala).

L'efficacité dramatique d'un tel schéma est encore accentuée par les croisements singuliers des rôles de chaque protagoniste. Certes, Titus, l'empereur, est celui qui apparaît le plus souvent sur scène et qui parle le plus, tout dépendant de lui ; pourtant, Titus l'empereur a pour devoir d'étouffer Titus l'amant (vers 720-722). En ce qui concerne Bérénice, son statut de reine, loin de l'aider dans sa quête amoureuse, constitue une entrave à son bonheur, puisqu'il provoque l'hostilité de Rome, qui s'exprime à travers le personnage de Paulin, et qui pèse sur le choix de Titus. Quant à Antiochus, il n'est pas seulement le messager indispensable à l'action. C'est un personnage d'une très grande richesse psychologique : il est l'ami et le confident de Titus, alors qu'il est en même temps son rival ; amoureux éconduit, mais fidèle et généreux, c'est à lui que revient le rôle d'annoncer le malheur à celle qu'il aime ; enfin, il se retrouve en position de témoin des mouvements intimes de Titus et de Bérénice, qui, cruels malgré eux, recourent à ses services quand ils en ont besoin, sans pour autant faire attention à lui.

L'efficacité dramatique de la « violence des passions » et de leur évolution

Les différentes facettes, voire les différents visages, qu'affichent les protagonistes au cours de la pièce contribuent largement à susciter l'intérêt du public. Alors que les figures évoquées sont celles de héros aux qualités exceptionnelles, la tragédie met en scène trois malheureux confrontés à l'inévitable, broyés par leurs contradictions, leur passion et leurs souffrances. « L'aimable Bérénice » (vers 836) apparaît ainsi dans la bouche des autres personnages parée de toutes les qualités : belle, vertueuse et généreuse (vers 373-376 ; 509-514 ; 519-521 ; 541-544 ; 1237) ; sans ambition personnelle, elle ne vit que pour celui qu'elle aime (vers 535-540). Titus, « chéri de l'univers » (vers 222), affiche d'emblée une image idéale : il apparaît comme un fils respectueux (II, 2), un amant fidèle (vers 442 et 1343-1344), un guerrier héroïque (I, 4), un homme prêt à s'amender pour plaire à celle qu'il aime en multipliant les actes de bonté et les bienfaits (vers 506-518), un empereur, enfin, qui veut placer son règne sous le signe de la bienfaisance à l'égard de ses sujets (vers 1033-1034). Quant à Antiochus, « que l'Orient compte entre ses plus grands rois » (vers 14), il allie l'héroïsme (I, 3 ; III, 1), la constance et la discrétion amoureuses (vers 45-46), et les vertus d'un « ami fidèle » (vers 11 et 676-684).

Pourtant, ces êtres apparemment exceptionnels et irréprochables vivent sur scène une journée tellement douloureuse que leurs réactions viennent contredire ces images idéales et vertueuses : « Dans cette journée, les rois héroïques et les reines vertueuses sont esclaves de leur passion et de leurs nerfs. Instables, agités, violents parfois, prompts à s'aveugler, lents à se ressaisir, ils se ressemblent tous trois dans leur égarement » (Alain Niderst). C'est ainsi que Bérénice apparaît, au cours de la tragédie, bien loin de la figure tendre et vertueuse évoquée au début de la pièce : possessive et violente (IV, 5), elle recourt aux menaces de suicide, aux explosions de colère et aux reproches injustes et cruels (V, 5), avant d'accepter héroïquement son sacrifice final. Titus, quant à lui, ne cesse de faire souffrir son entourage, que ce soit consciemment (en renvoyant Bérénice) ou non (en manipulant Antiochus, dont il ignore les sentiments jusqu'au dénouement). Ses tergiversations, qui le conduisent à différer sa décision sous l'emprise de sa mauvaise conscience, donnent de lui une image très contrastée : Titus est ainsi tour à tour tendre et cruel, généreux et égoïste, sensible et inflexible, héroïque et lâche. La pièce met surtout en scène un homme éperdu qui ne sait plus trop comment se comporter face à celle qu'il aime (II, 3 et 4), mais à laquelle il a décidé de renoncer ; un homme pétri de contradictions, qui, tout en affirmant le souci de sa gloire (II, 2), adopte une conduite pleine de faiblesse, voire de lâcheté (II, 4 ; III, 1) ; un homme qui, en définitive, se découvre obscur à lui-même (vers 1380-1384). Enfin, le personnage d'Antiochus, tel qu'il apparaît sur scène, est loin de ressembler à l'héroïque roi de Comagène qu'on nous a d'abord dépeint. Toute la pièce le représente irrésolu et mélancolique, n'entreprenant jamais rien, mais se contentant d'attendre et de subir les décisions de Titus et de Bérénice. L'évolution psychologique des protagonistes, condamnés à accepter leur douloureux destin, assure ainsi un rythme dramatique fait d'avancées et de reculs, de révoltes et d'acceptations, qui tient le spectateur en haleine jusqu'au dénouement, où les personnages, renonçant à l'égoïsme amoureux, accèdent définitivement à la grandeur des héros tragiques.

Julia Bartet dans le rôle de Bérénice à la Comédie-Française,
en 1893.

L'œuvre : origines et prolongements

Les sources historiques de Racine

Les personnages principaux de *Bérénice* sont des figures historiques mentionnées par les historiens de l'Antiquité. Si un seul texte antique est explicitement signalé dans la préface (les *Vies des douze Césars* du célèbre historien latin Suétone), deux autres auteurs ont également inspiré Racine : Flavius Josèphe, historien d'origine juive, auteur des *Antiquités judaïques* et de *La Guerre des Juifs*, et Tacite, grand historien latin, auteur des *Histoires*.

Comme le montre Robert Parish, les éléments puisés par Racine dans le récit que fait Suétone du règne de Titus portent principalement sur trois faits : les prouesses militaires de l'empereur lors du siège de Jérusalem ; la haute estime dans laquelle il était tenu par le peuple romain – qui le surnommait « les délices du genre humain » – ; l'évolution d'une vie de dissipation, qui faisait redouter aux Romains un nouveau Néron, vers une conduite vertueuse. Mais, pour l'essentiel de son sujet, Racine s'inspire de la fameuse phrase de Suétone évoquant le renvoi par Titus de Bérénice « malgré lui et malgré elle » (citée au début de sa préface). Les deux textes de Flavius Josèphe fournissent quelques détails supplémentaires, comme la beauté de Bérénice, ainsi que des informations historiques sur les royaumes orientaux conquis par l'Empire romain. Mais c'est surtout la figure d'Antiochus qui est mise en valeur, notamment dans *La Guerre des Juifs*, qui souligne son courage au siège de Jérusalem – sans toutefois que son nom soit jamais explicitement lié à celui de Bérénice. Enfin, Tacite insiste sur les prouesses militaires de Titus, ne faisant qu'une allusion à sa liaison avec Bérénice – dont il signale l'âge relativement avancé.

Si les grandes lignes des textes historiques sont respectées, Racine fait toute une série de choix : il privilégie l'anec-

L'œuvre : origines et prolongements

dote amoureuse (la relation entre Titus et Bérénice, et le renvoi douloureux de celle-ci) ; il ne retient les données historiques, militaires et politiques que pour évoquer une Judée dont il fait le symbole des victoires de Titus (assisté d'Antiochus) et le lieu de rencontre entre Titus et Bérénice ; il ne développe pas le thème de la jeunesse dissolue de l'empereur, mais se contente d'y faire allusion (vers 506-508) ; il intègre à l'histoire des deux amants le personnage d'Antiochus ; enfin, il fait de Bérénice une figure vertueuse convertissant Titus à la générosité et à l'altruisme, alors que Suétone la présentait comme contribuant à la vie de débauche de Titus. Racine réinterprète donc l'histoire romaine au gré des goûts de son époque pour inventer l'intrigue de sa pièce.

Le choix d'une intrigue galante, lyrique et élégiaque, après l'échec de Britannicus

EN EXPÉRIMENTANT un « tragique galant », le tendre Racine s'adapte à la sensibilité alors en vogue, celle de la galanterie. Essentiellement développée par des femmes cultivées soucieuses de définir un nouvel art de vivre, de ressentir, d'aimer et de s'exprimer (caricaturées en « précieuses ridicules »), la galanterie se caractérise surtout par le raffinement du langage, des relations humaines et des sentiments amoureux. Ce mouvement culturel du XVIIe siècle donne lieu aussi bien à des pratiques sociales (comme les jeux et les débats pratiqués dans les salons – voir synthèse de l'acte III) qu'à des motifs littéraires.

Bérénice se présente ainsi comme « une exploration poussée aussi loin que possible de la galanterie tournée en tragédie » (Alain Viala) : elle en adopte les thèmes spécifiques (la fidélité amoureuse, la tendresse, la mélancolie, le regard, la sublimation de soi grâce à l'amour, la séparation inéluctable malgré un amour partagé), les formes rhétoriques propres (l'éloge de l'être aimé, la déploration du malheur présent, le ressassement des douleurs passées, la rêverie amoureuse – comme dans l'hypotypose –, la métaphore du combat inutile contre l'amour, les antithèses traduisant le déchirement intérieur) et les registres de prédilection (délibératif, pathétique, lyrisme élégiaque).

La création simultanée de deux pièces sur le même sujet : hasard, vol ou commande ?

SEPT JOURS séparent la création de *Bérénice* de Racine (le 21 novembre 1670 à l'Hôtel de Bourgogne) de celle de *Tite et Bérénice* de Corneille (le 28 novembre par la troupe de Molière au Palais-Royal). Or les deux auteurs viennent de s'affronter à l'occasion de *Britannicus*, Corneille ayant publiquement critiqué la pièce de son rival. Il est donc tentant de voir dans la création simultanée des deux pièces un nouvel épisode d'une rivalité qui était désormais éclatante. Pourtant, aujourd'hui encore, le mystère de la concomitance des représentations des deux *Bérénice* est loin d'être résolu, et plusieurs hypothèses (étudiées notamment par Raymond Picard) restent possibles.

CERTES, on peut considérer, à l'instar de leurs contemporains, que c'est par une simple coïncidence que Racine et Corneille ont choisi le même sujet. D'ailleurs, ce n'était pas la première fois que le thème de la séparation entre Titus et Bérénice inspirait des œuvres littéraires.

POURTANT, la rencontre fortuite de deux pièces portant presque le même titre et représentées en même temps dans deux théâtres concurrents paraît difficile à admettre. Dès lors, deux hypothèses peuvent expliquer que les auteurs aient choisi, pour le porter sur scène, le même épisode de l'histoire romaine. La première hypothèse consiste à dire que la coexistence des deux pièces résulte d'un duel volontaire, que ce soit Corneille qui ait traité un sujet d'abord choisi par Racine (ce qui n'est guère plausible, Corneille étant généralement fier de

L'œuvre : origines et prolongements

la nouveauté de ses sujets), ou que ce soit Racine qui l'ait volé à Corneille pour défier son vieil adversaire. La seconde hypothèse est celle d'une commande. Racine et Corneille se seraient ainsi trouvés engagés, probablement à leur insu, dans une compétition organisée par Henriette d'Angleterre, belle-sœur du roi. On trouve cette explication sous la plume de Fontenelle (1657-1757), dans sa *Vie de Corneille* : « *Bérénice* fut un duel dont tout le monde sait l'histoire. Une princesse, fort touchée des choses de l'esprit et qui eût pu les mettre à la mode dans un pays barbare, eut besoin de beaucoup d'adresse pour faire trouver les deux combattants sur le champ de bataille sans qu'ils sussent où on les menait. Mais à qui demeura la victoire ? au plus jeune. » Et Fontenelle de préciser en note que la princesse en question était Henriette d'Angleterre, et les deux combattants, Racine et Corneille. Cependant, si cette hypothèse d'une commande est séduisante, elle n'est pas sûre pour autant. Bref, les raisons pour lesquelles Racine s'est intéressé au sujet de *Bérénice* demeurent mystérieuses.

Esthétique racinienne contre esthétique cornélienne

Quoi qu'il en soit, les deux rivaux, même s'ils ont travaillé sur le même sujet, d'une part, ne traitent pas du même épisode et, d'autre part, l'exploitent de façon extrêmement différente, que ce soit d'un point de vue générique (Corneille écrit une « comédie héroïque » et Racine une « tragédie ») ; dramatique (Corneille cultive la complexité d'une intrigue où quatre personnages affrontent le même dilemme, en opposition avec la simplicité d'action que Racine revendique dans sa préface) ; thématique (la perspective de la pièce de Corneille est essentiellement politique, alors que celle de la pièce de Racine est davantage morale et affective) ; idéologique (tandis que l'héroïne cornélienne est comme convertie aux valeurs de Rome, la Bérénice de Racine, au contraire, n'est qu'une victime

L'œuvre : origines et prolongements

consentante et résignée – voir la synthèse de l'acte V) ; éthique (alors que, chez Corneille, la « gloire » et le « devoir » sont célébrés, la pièce de Racine les déplore) ; stylistique enfin (Racine recourt bien davantage aux registres pathétique et élégiaque).

Tite et Bérénice ne connut pas un si grand succès que la *Bérénice* de Racine, qui, admirablement servie par l'interprétation, pathétique à souhait, de la Champmeslé, fut un véritable succès de larmes. Le triomphe que Racine remporta sur son adversaire représente un événement important dans l'histoire du théâtre. En effet, il signifie que le système dramatique de Corneille commençait à passer de mode et que la sensibilité du public était en train de changer : les spectateurs préféraient désormais aux thèmes héroïques ceux de la galanterie et du lyrisme amoureux.

Deux siècles de critiques à l'encontre d'une tragédie hors normes

Certes, la création de *Bérénice* a été un véritable succès de larmes. Pourtant, de 1680 à 1900, *Bérénice* est la pièce de Racine la moins jouée, en dehors de *La Thébaïde* et d'*Alexandre*. Durant cette période, on lui fait essentiellement trois reproches.

Premièrement, son sujet – une rupture amoureuse – ne serait pas suffisamment tragique, comme le souligne Voltaire : « Un amant et une maîtresse qui se quittent ne sont pas, sans doute, sujet de tragédie. » En effet, la simple séparation entre deux amants n'entraîne ni le déchaînement de la violence, ni l'irruption de la mort. Les XVIIIe et XIXe siècles insistent ainsi sur l'ennui que provoque une tragédie d'où la violence est absente, comme en témoignent les jugements de Voltaire en 1764 (« L'amour qui n'est qu'amour, qui n'est point une passion terrible et funeste, ne semble fait que pour la comédie, pour la pastorale, ou pour l'églogue ») et de Théophile Gautier en 1858 (« il n'y coule que des pleurs, et point de sang »).

L'œuvre : origines et prolongements

Deuxièmement, la pièce manquerait d'action, puisqu'il n'y a pas véritablement de péripéties tragiques. L'excessive simplicité de l'intrigue avait déjà été condamnée, dès la création de *Bérénice,* par l'abbé de Villars (« toute cette pièce, si l'on y prend garde, n'est que la matière d'une scène »). De fait, dans *Bérénice,* « toute l'invention consiste à faire quelque chose de rien » (préface). Pourtant, force est d'admettre que c'est là une véritable prouesse que réussit Racine, « pour qu'une action aussi simple puisse suffire à cinq actes » : « chaque acte est, à peu de chose près, le même qui recommence ; un des amoureux, dès qu'il est trop en peine, fait chercher l'autre [...] Quand un plus long discours hâterait trop l'action, on s'arrête, on sort sans s'expliquer, dans un trouble involontaire [...] » (Sainte-Beuve).

Troisièmement, le registre élégiaque s'opposerait au registre tragique : *Bérénice* « n'est qu'un tissu galant de madrigaux et d'élégies » (abbé de Villars, en 1671), une « églogue [...] à l'eau de rose [...] indigne du théâtre tragique » (Voltaire, en 1772) qui réduit l'empereur romain à un « vil soupirant de ruelle », qui l'« avilit par des plaintes efféminées » (Rousseau, en 1758). De tels reproches reposent essentiellement sur le mépris de l'amour tendre, de la douceur mélancolique et de la sensibilité féminine, comme en témoigne l'opinion de Théophile Gautier, pour lequel *Bérénice* « n'est pas une tragédie », mais une « élégie dramatique qui renferme des morceaux pleins d'une grâce un peu molle et d'une sensibilité un peu larmoyante ». Pourtant, si la présence de thèmes élégiaques dans une tragédie choque, c'est en elle que réside la principale force de séduction de *Bérénice*, comme l'admettent ceux-là mêmes qui dénoncent sa fadeur et son inconsistance – Voltaire reconnaissant que, même si c'est « la plus faible des tragédies de Racine », on y reconnaît les « beautés de détail », le « charme inexprimable » et le « style enchanteur » du poète.

L'œuvre : origines et prolongements

L'engouement du XXe siècle pour Bérénice

Si l'on se reporte aux pièces de Racine données à la Comédie-Française depuis 1900, on constate que *Bérénice* vient au troisième rang, certes nettement après *Andromaque* et *Britannicus*, mais avant *Phèdre* par exemple. Et, surtout, c'est, avec celle-ci, la pièce de Racine la plus débattue et la plus commentée depuis quarante ans. Nul doute que *Bérénice* a largement bénéficié du renouveau de l'intérêt porté aux pièces de Racine dans la seconde moitié du XXe siècle. Parmi la multiplicité des lectures qui ont été faites de *Bérénice*, nous en retiendrons quatre, qui permettent de pointer les thèmes cruciaux de la pièce et d'en renouveler l'interprétation. Les différentes analyses que nous présentons datent toutes de la bataille critique qui eut lieu autour du théâtre de Racine dans les années 1950-1960, où s'affrontèrent diverses méthodes d'analyse.

La perspective structuraliste de Roland Barthes, qui s'efforce de dégager les grandes structures autour desquelles s'organise la tragédie racinienne, met notamment l'accent sur le thème du trouble dans *Bérénice*, analysant les émois et les désordres corporels des héros tragiques. Le trouble y apparaît essentiellement sous deux formes. Premièrement, il se traduit par le désordre physique et vestimentaire. Ainsi Phénice évoque-t-elle les voiles détachés, les cheveux épars et les pleurs de la reine (vers 969-971), qui manifestent à quel point Bérénice est anéantie par la souffrance. Consciente que ce désordre corporel révèle son état intérieur, Bérénice en fait d'ailleurs un objet de chantage (« Laisse, laisse, Phénice, il verra son ouvrage » [vers 972]), espérant ainsi apitoyer Titus. Le trouble physique est en effet « une réalité ambiguë, à la fois expression et acte, refuge et chantage : bref le désordre racinien est essentiellement un signe, c'est-à-dire un signal et une commination ». Ainsi en est-il des pleurs et des soupirs évoqués par les héros souffrants (notamment IV, 5 ; V, 5-7). Deuxièmement, le trouble se manifeste dans l'aphasie de Titus.

L'œuvre : origines et prolongements

C'est « l'émoi le plus spectaculaire, c'est-à-dire le mieux accordé à la tragédie, c'est celui qui atteint l'homme racinien dans son centre vital, dans son langage ». Mais là encore, si ce mutisme traduit le profond désarroi de Titus, celui-ci en profite en fait pour se dérober : « fuir la parole, c'est fuir la relation de force, c'est fuir la tragédie » : Titus recule ainsi le moment d'annoncer sa décision, c'est-à-dire le moment du choix qui le fera accéder à la grandeur du héros tragique.

La perspective psychologique, adoptée notamment par Jean Starobinski et Georges Poulet, insiste sur le thème, omniprésent dans *Bérénice*, du regard. Tout au long de la pièce, aimer l'autre, c'est chercher à le voir et désirer le contempler ; ne pas l'aimer, c'est ne même pas le voir. La vision de l'être aimé est d'abord un élan affectif incontrôlable (vers 194) ; c'est aussi un bonheur que l'on recherche sans cesse (vers 535-536). À défaut du regard direct, l'amoureuse passionnée qu'est Bérénice peut même se bercer de douces et sublimes visions, comme le montre l'hypotypose de la fin du premier acte – hypotypose dont Roland Barthes souligne l'érotisme, puisque le regard se perd dans des représentations imaginaires, source de plaisir. Autant le regard amoureux peut combler, autant, lorsqu'il est refusé, il peut faire souffrir : ainsi en est-il des « yeux distraits » de Bérénice en présence d'Antiochus (vers 277-278), du refus de Titus de regarder en face celle avec qui il veut rompre (vers 155-156) et de son incapacité à soutenir les yeux de celle qu'il renvoie (vers 993-994). Comme le montre Jean Starobinski, pour Titus, « être vu, ce sera, presque au même instant, se découvrir coupable dans les yeux des autres ». Face au regard de Bérénice, Titus fait l'expérience du « malheur d'être vu dans la faute ». En outre, il est constamment surveillé par Rome. « Comme pour accentuer encore la culpabilité, Racine fait intervenir, au-dessus du débat tragique où sont engagés les personnages, un autre regard surplombant – une instance ultime – qui les atteint de plus haut ou de plus loin. »

L'œuvre : origines et prolongements

La perspective sociologique et marxiste qu'adopte Lucien Goldmann, selon laquelle l'univers racinien est la conséquence d'une « vision collective du monde » (celle du jansénisme en particulier) et porte la marque de l'organisation sociale et politique de l'époque, souligne également ce thème du regard oppressant. Le regard extérieur (celui de « l'univers », et pas seulement celui de la cour et de Rome) est inquisition, censure, aliénation : il est constamment présent dans l'esprit de Titus et semble le persécuter jusqu'au fond de son être. L'opinion publique, la loi romaine, le sénat, le peuple et tout l'Empire créent un cercle de regards qui emprisonnent les deux amants. Si Titus est contraint de renoncer à la logique de la vie et du monde au profit de « valeurs absolues » auxquelles il ne peut se soustraire, c'est parce que celles-ci lui sont imposées par une puissance supérieure, ce qui fait dire à Lucien Goldmann que le Dieu de la pièce, c'est « Rome et son peuple ».

La perspective psychanalytique, quant à elle, renouvelle radicalement l'analyse de la pièce. Plusieurs critiques, comme Charles Mauron, mais aussi Roland Barthes, ont interprété le renvoi de Bérénice par Titus comme « l'histoire d'une répudiation que Titus n'ose pas assumer » (Roland Barthes) – le désamour et la lassitude de l'empereur pouvant effectivement être suggérés par le vers 940. Pour Charles Mauron, le renvoi de Bérénice résulte de « la rupture volontaire du héros, repoussant une femme possessive, ou, du moins, jugée telle » : « sous les traits anoblis de la tragédie, une image déplaisante persiste : la vieille liaison rompue, la maîtresse maternelle qu'on rejette ». Bérénice, en effet, « combine en elle les deux images féminines – la tendre amante qu'on voudrait garder prisonnière, la femme possessive dont on redoute l'emprise ». C'est pourquoi Titus, pour passer définitivement à l'âge adulte et conquérir son autonomie, doit rejeter cette figure maternelle, en prenant comme prétexte la volonté du peuple romain.

Véra Serguine (Bérénice) et Henri Rollan (Titus) au Théâtre Antoine en 1932. Décor de André Boll.

L'œuvre
et ses représentations

Bérénice a été représentée par la plupart des grands metteurs en scène contemporains. L'examen rapide de leurs réalisations, souvent très contrastées, permet de mesurer à quel point, à partir d'un même texte, les choix scéniques peuvent être différents, en fonction non seulement de la lecture et de l'interprétation du metteur en scène, mais aussi de l'effet qu'il souhaite produire sur les spectateurs.

En 1965

▌*Roger Planchon*

Retenant l'allusion à l'amour de Louis XIV pour Marie Mancini, il signe une mise en scène qui exhibe le narcissisme de la société aristocratique et la cruauté des relations humaines qui ont pour cadre la cour. Les acteurs se déplacent selon des lignes droites et perpendiculaires, afin de souligner la difficulté de se rencontrer ; les confidences s'échangent en présence de hauts dignitaires et, souvent, de la suite de l'empereur et de la reine, constamment épiés ; les immenses glaces, qui suggèrent le faste architectural de Versailles, traduisent le règne de l'artifice et le mensonge.

En 1975

▌*Raymond Rouleau*

Son adaptation télévisuelle d'un lyrisme flamboyant met en scène le romantisme brisé des jeunes amants. Les comédiens, beaux et jeunes, semblent broyés par le conflit tragique, écrasés par la souffrance au point de ne plus pouvoir que murmurer leurs plaintes. Les portes gigantesques et les colonnes sculptées constituent un cadre à la fois sombre, pompeux et glacial ; la présence de gardes en uniforme militaire crée une atmosphère oppressante.

En 1981

▌ Antoine Vitez

Sa mise en scène explore les souffrances que provoquent la maladresse et la veulerie du jeune Titus cherchant à se débarrasser de sa vieille maîtresse, possessive et autoritaire. La diction des vers, qui les détache au point de les faire retentir comme autant de tirs espacés et violents, souligne son parti pris : « Il ne s'agit après tout que d'une conversation sous les lustres. Mais pleine de dangers : on se fait des blessures atroces par les mots qu'on dit, on ne crie pas, on ne se touche pas, la tête éclate. »

En 1984

▌ Klaus Michael Grüber

Sur scène règne une atmosphère oppressante et morbide. Les acteurs bougent très peu, traduisant ainsi l'épuisement de personnages à bout de forces tant ils souffrent, et leur diction, chuchotée, est à la limite de l'audible. L'atmosphère funèbre donne l'impression d'un désastre irrémédiable. Les acteurs ne s'approchent jamais les uns des autres, restant chacun en marge de la scène. L'oppression des personnages est symbolisée par une coupole recouverte de briques, qui rappelle l'intérieur du Panthéon à Rome.

En 1990

▌ Jacques Lassalle

C'est l'extrême violence du jeu entre amour et pouvoir qui est donnée à voir. Les personnages, à la fois victimes et bourreaux, entretiennent des relations pleines de cruauté. L'espace scénique, une rotonde semi-circulaire dominée par une colonnade, devient une arène lors de la grande confrontation de l'acte IV, chorégraphiée à la manière d'une corrida : les personnages tournoient, s'approchent en s'accroupissant, paraissent se renifler comme des bêtes sauvages, se frôlent ; le manteau rouge de Titus devient l'enjeu du combat entre une maîtresse agressive et violente et un Titus faible et indécis, qui finit pourtant par l'emporter.

En 1992

▌ Christian Rist

L'option dramaturgique est celle d'une redistribution de la parole fondée sur le dédoublement des rôles principaux. Ainsi un comédien peut-il faire entendre un écho assourdi ou au contraire amplifié du texte récité par un autre. Dans cette mise en scène extrêmement dépouillée (diction sobre, costumes monochromes et acteurs pieds nus), l'évolution psychologique de chacun des protagonistes est ainsi soulignée, et leur parole comme mise à distance d'eux-mêmes.

En 2000

▌ Jean-Claude Carrière et Jean-Daniel Verhaeghe

Leur adaptation télévisuelle insiste surtout sur la lâcheté de Titus, qui n'ose pas dire à la femme qu'il aime qu'il la quitte. Il apparaît ainsi la plupart du temps en plein désarroi, la voix brisée et le visage défait, même seul dans la salle du trône avec Paulin (II, 2). Paniqué à l'idée de voir Bérénice (II, 3), il se montre fuyant, se dérobe à ses regards et lui parle de dos (II, 4). Le reste de la pièce le montre tétanisé à la pensée d'être jugé par le peuple romain. Son monologue délibératif, qui a pour cadre une pièce emplie de statues, de bustes d'hommes glorieux et de trophées, le montre hébété, à l'écoute de ses propres pensées (récitées au début par une voix off). Titus donne l'impression d'être perdu dans son propre palais, les prises de vue en plongée le représentant environné par les signes de sa condition d'empereur, confronté aux statues, égaré parmi les colonnes de marbre.

L'œuvre et ses représentations

En 2001

▌Frédéric Fisbach et Bernardo Montet

En faisant interpréter *Bérénice* à la fois par des danseurs et des comédiens, ils cherchent à exprimer ce que les personnages ont de plus intime. Le décor mobile de plaques de verre suggère l'incommunicabilité entre les êtres, mais aussi les zones d'obscurité qui les habitent ; la chorégraphie, faite de mouvements esquissés par des corps exténués de souffrance, évoque les mouvements imprévisibles des cœurs et des âmes qui ne peuvent être dits par le langage ; les vers sont scandés par une bande-son avant d'être récités par les comédiens, les paroles semblant ainsi à la fois appartenir aux sujets parlants et venir d'ailleurs ; enfin, dans les scènes réunissant Phénice et la reine, le texte de Bérénice est traduit en hébreu, sa langue intime, maternelle – ce qui souligne le déracinement de celle qui a tout quitté par amour.

En 2001

▌Lambert Wilson

Choisissant de mettre en scène la violence politique et la manipulation amoureuse dont est victime Bérénice, il a pour objectif de « raconter la solitude infinie de celle qui se donne et appartient à l'ennemi, tel un trophée de guerre », et de « montrer un pouvoir fort, vainqueur ». Tout contribue à représenter des victimes broyées par un tel pouvoir : le décor, inspiré par la grandeur architecturale affectionnée par les nazis et les fascistes dans les années 1930, froid, vide et oppressant, écrase les personnages ; les comédiens ont un jeu austère et sans passion ; les costumes créent une impression de deuil et signifient les divisions qui séparent le monde du pouvoir (Titus, Paulin et Rutile, en uniforme austère) et le monde de la cour (Antiochus et Arsace, en costume cravate, et Bérénice et Phénice, en robe de soirée).

Nathalie Nell (Bérénice) et Jean-François Sivadier (Titus).
Mise en scène de Jacques Lasalle au TNS de Strasbourg, 1990.

Arnaud Décarsin (Titus), Mareike Achour (Phénice)
et Gilles-Vincent Dumesnil (Paulin). Mise en scène de Christian Rist
au théâtre Athénée Louis Jouvet, 1992.

Kristin Scott Thomas dans le rôle de Bérénice.
Mise en scène de Lambert Wilson au festival d'Avignon, 2001.

Bérénice mise en scène par Frédéric Fisbach et Bernardo Montet
au théâtre de la Bastille, 2001.

L'œuvre à l'examen

À l' **écrit**

SUJET 1

Objet d'étude : le théâtre, texte et représentation. L'argumentation : convaincre, persuader, délibérer.

Corpus bac :

- Molière, *Dom Juan*, IV, 4. Tirade de Dom Louis à Dom Juan, l. 24-46.
- Racine, *Britannicus*, IV, 3. Tirade de Burrhus à Néron, v. 1337-1367.
- Racine, *Bérénice*, II, 2. Tirade de Paulin à Titus, v. 371-403.

TEXTE 1

> Molière, *Dom Juan*, IV, 4.
> Tirade de Dom Louis à Dom Juan,
> lignes 24-46.

Dom Louis est scandalisé par la conduite de son fils libertin, Dom Juan. Venant le trouver chez lui, il lui adresse un discours grave et véhément. Après avoir insisté sur l'indignation d'un père trompé dans son amour, Dom Louis en vient, dans cet extrait, à expliquer ce qu'il reproche à son fils.

Ah ! quelle bassesse est la vôtre ! Ne rougissez-vous point de mériter si peu votre naissance ? Êtes-vous en droit, dites-moi, d'en tirer quelque vanité ? Et qu'avez-vous fait dans le monde pour être gentilhomme ? Croyez-vous qu'il suffise d'en porter le nom et les armes, et que ce nous soit une gloire d'être sorti d'un sang noble lorsque nous vivons en infâmes ? Non, non, la naissance n'est rien où la vertu n'est pas. Aussi nous n'avons part à la gloire de nos ancêtres qu'autant que nous nous efforçons de leur ressembler ; et cet éclat de leurs actions qu'ils répandent sur nous nous impose un engagement de leur faire le même honneur, de suivre les pas qu'ils nous tracent, et de ne point dégénérer de leurs vertus, si nous voulons être estimés leurs véritables descendants. Ainsi vous descendez en vain des aïeux dont vous êtes né : ils vous désavouent pour leur sang, et tout ce qu'ils ont fait d'illustre ne vous donne aucun avantage ; au contraire, l'éclat n'en rejaillit sur vous qu'à votre déshonneur, et leur gloire est un flambeau qui éclaire aux yeux d'un chacun la honte de vos actions. Apprenez enfin qu'un gentilhomme qui vit mal est un monstre dans la nature, que la vertu est le premier titre de noblesse, que je regarde bien moins au nom qu'on signe qu'aux actions qu'on fait, et que je ferai plus d'état du fils d'un crocheteur qui serait honnête homme que du fils d'un monarque qui vivrait comme vous.

TEXTE 2

Racine, *Britannicus*, IV, 3.
Tirade de Burrhus à Néron,
vers 1337-1367.

Alors que Néron projette de faire assassiner Britannicus, son gouverneur Burrhus tente de l'en dissuader et de le convaincre qu'il vaut mieux être obéi de ses sujets par l'exercice de la vertu que par celui de la terreur.

Et ne suffit-il pas, Seigneur, à vos souhaits
Que le bonheur public soit un de vos bienfaits ?
C'est à vous à choisir, vous êtes encore maître.
Vertueux jusqu'ici, vous pouvez toujours l'être :
Le chemin est tracé, rien ne vous retient plus ;
Vous n'avez qu'à marcher de vertus en vertus.
Mais si de vos flatteurs vous suivez la maxime,
Il vous faudra, Seigneur, courir de crime en crime,
Soutenir vos rigueurs par d'autres cruautés,
Et laver dans le sang vos bras ensanglantés.

Britannicus mourant excitera le zèle
De ses amis, tout prêts à prendre sa querelle.
Ses vengeurs trouveront de nouveaux défenseurs,
Qui, même après leur mort, auront des successeurs.
Vous allumez un feu qui ne pourra s'éteindre.
Craint de tout l'univers, il vous faudra tout craindre,
Toujours punir, toujours trembler dans vos projets
Et pour vos ennemis compter tous vos sujets.
Ah ! de vos premiers ans l'heureuse expérience
Vous fait-elle, Seigneur, haïr votre innocence ?
Songez-vous au bonheur qui les a signalés ?
Dans quel repos, ô ciel ! les avez-vous coulés !
Quel plaisir de penser et de dire en vous-même :
« Partout, en ce moment, on me bénit, on m'aime ;
On ne voit point le peuple à mon nom s'alarmer ;
Le ciel dans tous leurs pleurs ne m'entend point nommer ;
Leur sombre inimitié ne fuit point mon visage ;
Je vois voler partout les cœurs à mon passage ! »

TEXTE 3

Racine, *Bérénice*, II, 2.
Tirade de Paulin à Titus,
vers 371-403.

SUJET

a. Questions préliminaires (sur 4 points)

Relevez, pour chacune de ces tirades, la thèse défendue et les
types d'arguments avancés.
Relevez les procédés stylistiques qui rendent ces discours à la
fois véhéments et solennels.

L'œuvre à l'examen

b. Travaux d'écriture (sur 16 points) – au choix

Sujet 1. Commentaire.
Vous commenterez la tirade de Dom Louis.

Sujet 2. Dissertation.
Le théâtre a-t-il pour mission d'inciter le spectateur à une réflexion morale ? Vous répondrez à cette question en prenant appui sur les textes du corpus, sur vos lectures personnelles et sur votre propre expérience de spectateur.

Sujet 3. Écriture d'invention.
Écrivez la tirade en prose par laquelle une mère chercherait à convaincre et à persuader son fils de renoncer à sa vie dissipée. Vous aurez pour cela recours à l'éloge et au blâme, ainsi qu'aux procédés du discours argumentatif.

SUJET 2

Objet d'étude : délibérer au théâtre.

Corpus bac :

- Corneille, *Cinna*, I, 1. Monologue d'Émilie.
- Corneille, *Le Cid*, I, 6. Monologue de Dom Rodrigue.
- Racine, *Bérénice*, IV, 4. Monologue de Titus.

TEXTE 1
Corneille, *Cinna*, I, 1.
Monologue d'Émilie.

Émilie hésite à charger son amant Cinna de tuer l'empereur Auguste, responsable de l'assassinat de son père durant les guerres civiles. C'est pourquoi elle examine ici s'il faut ou non risquer la vie de celui qu'elle aime pour venger la mort de son père. Un temps partagée entre son désir de vengeance et son inquiétude pour son amant, elle se convainc finalement que la vengeance d'un père doit passer avant toute autre considération.

Impatients désirs d'une illustre vengeance
Dont la mort de mon père a formé la naissance,
Enfants impétueux de mon ressentiment,
Que ma douleur séduite embrasse aveuglément,
Vous prenez sur mon âme un trop puissant empire :
Durant quelque moment souffrez que je respire,
Et que je considère en l'état où je suis,
Et ce que je hasarde et ce que je poursuis.
Quand je regarde Auguste au milieu de sa gloire,
Et que vous reprochez à ma triste mémoire
Que par sa propre main mon père massacré
Du trône où je le vois fait le premier degré,
Quand vous me présentez cette sanglante image,
La cause de ma haine, et l'effet de sa rage,
Je m'abandonne toute à vos ardents transports,
Et crois pour une mort lui devoir mille morts.
Au milieu toutefois d'une fureur si juste,
J'aime encor plus Cinna que je ne hais Auguste,
Et je sens refroidir ce bouillant mouvement
Quand il faut pour le suivre exposer mon amant.
Oui, Cinna, contre moi moi-même je m'irrite
Quand je songe aux dangers où je te précipite.
Quoique pour me servir tu n'appréhendes rien,
Te demander du sang, c'est exposer le tien.
[...]
Cessez, vaines frayeurs, cessez, lâches tendresses,
De jeter dans mon cœur vos indignes faiblesses ;
Et toi qui les produis par tes soins superflus,
Amour, sers mon devoir, et ne le combats plus.
[...]

L'œuvre à l'examen

TEXTE 2

Corneille, *Le Cid*, I, 6.
Monologue de Dom Rodrigue.

Dom Diègue a été offensé par Dom Gormas, le père de Chimène. Il demande à son fils de le venger. Or Rodrigue et Chimène s'aiment. Resté seul, Rodrigue s'interroge pour savoir s'il doit choisir son honneur ou son amour, son père ou celle qu'il aime, avant de se résoudre à la vengeance.

Que je sens de rudes combats !
Contre mon propre honneur mon amour s'intéresse :
Il faut venger un père, et perdre une maîtresse :
L'un m'anime le cœur, l'autre retient mon bras.
Réduit au triste choix ou de trahir ma flamme,
Ou de vivre en infâme,
Des deux côtés mon mal est infini.
Ô Dieu, l'étrange peine !
Faut-il laisser un affront impuni ?
Faut-il punir le père de Chimène ?
Père, maîtresse, honneur, amour,
Noble et dure contrainte, aimable tyrannie,
Tous mes plaisirs sont morts, ou ma gloire ternie.
L'un me rend malheureux, l'autre indigne du jour.
Cher et cruel espoir d'une âme généreuse,
Mais ensemble amoureuse,
Digne ennemi de mon plus grand bonheur,
Fer qui cause ma peine,
M'es-tu donné pour venger mon honneur ?
M'es-tu donné pour perdre ma Chimène ?
Il vaut mieux conduire au trépas.
Je dois à ma maîtresse aussi bien qu'à mon père :
J'attire en me vengeant sa haine et sa colère ;
J'attire ses mépris en ne me vengeant pas.
À mon plus doux espoir, l'un me rend infidèle,

L'œuvre à l'examen

Et l'autre indigne d'elle.
Mon mal augmente à le vouloir guérir ;
Tout redouble ma peine.
Allons, mon âme ; et puisqu'il faut mourir,
Mourons du moins sans offenser Chimène.
Mourir sans tirer ma raison !
Rechercher un trépas si mortel à ma gloire !
Endurer que l'Espagne impute à ma mémoire
D'avoir mal soutenu l'honneur de ma maison !
Respecter un amour dont mon âme égarée
Voit la perte assurée !
N'écoutons plus ce penser suborneur,
Qui ne sert qu'à ma peine.
Allons, mon bras, sauvons du moins l'honneur,
Puisqu'après tout il faut perdre Chimène.

TEXTE 3

Racine, *Bérénice*, IV, 4.
Monologue de Titus.

SUJET

a. Questions préliminaires (sur 4 points)

Analysez les manifestations de l'émotion dans ces monologues
– notamment le jeu des pronoms, la ponctuation et les effets de
versification.
Relevez les procédés de style caractéristiques du discours délibératif.

b. Travaux d'écriture (sur 16 points) – au choix

Sujet 1. Commentaire.
Vous commenterez le monologue de Titus.

L'œuvre à l'examen

Sujet 2. Dissertation.

En vous appuyant sur les textes du corpus, les œuvres que vous avez lues et les pièces de théâtre auxquelles vous avez assisté, vous vous demanderez, en un développement organisé, quelles sont, d'après vous, les différentes fonctions d'un monologue de théâtre.

Sujet 3. Écriture d'invention.

Écrivez un monologue délibératif en prose à la première personne du singulier et qui se termine par une prise de décision, dans lequel un personnage se demande s'il doit dénoncer à son meilleur ami l'infidélité de sa femme. Vous veillerez à employer les procédés stylistiques propres au discours délibératif (expression de l'alternative, marques de l'émotion du locuteur, antithèses, argumentations opposées).

SUJET 3

Objet d'étude : le théâtre, texte et représentation.

Corpus bac :

- Racine, *Phèdre*, acte I, scène 4, v. 269-288.
- Racine, *Britannicus*, acte II, scène 2, v. 385-409.
- Racine, *Bérénice*, acte IV, scène 5, v. 1103-1153.

TEXTE 1

Racine, *Phèdre*, I, 4,
vers 269-288.

Phèdre, la nouvelle épouse de Thésée, est tombée amoureuse de son beau-fils. Elle confie ici son secret à sa nourrice Œnone, en lui racontant la naissance en elle du trouble amoureux.

L'œuvre à l'examen

Mon mal vient de plus loin. À peine au fils d'Égée
Sous les lois de l'hymen je m'étais engagée,
Mon repos, mon bonheur semblait être affermi ;
Athènes me montra mon superbe ennemi :
Je le vis, je rougis, je pâlis à sa vue ;
Un trouble s'éleva dans mon âme éperdue ;
Mes yeux ne voyaient plus, je ne pouvais parler :
Je sentis tout mon corps et transir et brûler ;
Je reconnus Vénus et ses feux redoutables,
D'un sang qu'elle poursuit tourments inévitables.
Par des vœux assidus je crus les détourner :
Je lui bâtis un temple, et pris soin de l'orner ;
De victimes moi-même à toute heure entourée,
Je cherchai dans leurs flancs ma raison égarée :
D'un incurable amour remèdes impuissants !
En vain sur les autels ma main brûlait l'encens :
Quand ma bouche implorait le nom de la déesse,
J'adorais Hippolyte ; et, le voyant sans cesse,
Même aux pieds des autels que je faisais fumer,
J'offrais tout à ce dieu que je n'osais nommer.

TEXTE 2

Racine, *Britannicus*, II, 2,
vers 385-409.

*L'empereur Néron a avoué à Narcisse qu'il aime Junie, qu'il vient de
faire enlever. Il lui décrit son apparition nocturne, au moment où la
prisonnière arrive dans son palais.*

Excité d'un désir curieux,
Cette nuit je l'ai vue arriver en ces lieux,
Triste, levant au ciel ses yeux mouillés de larmes,
Qui brillaient au travers des flambeaux et des armes,
Belle, sans ornements, dans le simple appareil
D'une beauté qu'on vient d'arracher au sommeil.

Que veux-tu ? Je ne sais si cette négligence,
Les ombres, les flambeaux, les cris et le silence,
Et le farouche aspect de ses fiers ravisseurs,
Relevaient de ses yeux les timides douceurs.
Quoi qu'il en soit, ravi d'une si belle vue,
J'ai voulu parler, et ma voix s'est perdue :
Immobile, saisi d'un long étonnement,
Je l'ai laissé passer dans son appartement.
J'ai passé dans le mien. C'est là que, solitaire,
De son image en vain j'ai voulu me distraire.
Trop présente à mes yeux, je croyais lui parler,
J'aimais jusqu'à ses pleurs que je faisais couler.
Quelquefois, mais trop tard, je lui demandais grâce ;
J'employais les soupirs, et même la menace.
Voilà comme, occupés de mon nouvel amour,
Mes yeux, sans se fermer, ont attendu le jour.
Mais je m'en fais peut-être une trop belle image ;
Elle m'est apparue avec trop d'avantage :
Narcisse, qu'en dis-tu ?

TEXTE 3

Racine, *Bérénice*, IV, 5,
vers 1103-1153.

SUJET

a. Questions préliminaires (sur 4 points)

Pour chaque extrait, déterminez de quel type de discours (narratif, descriptif, explicatif ou argumentatif) il s'agit.
Relevez les procédés de style caractéristiques du registre lyrique.

b. Travaux d'écriture (sur 16 points) – au choix

Sujet 1. Commentaire.
Vous commenterez l'extrait de *Bérénice*.

L'œuvre à l'examen

Sujet 2. Dissertation.

Les particularités du langage théâtral vous semblent-elles favoriser ou au contraire limiter (notamment par rapport à d'autres genres) l'expression de la vie intérieure, des sentiments, de l'évolution psychologique et affective des personnages ? Pour répondre à cette question, vous veillerez à prendre en compte les différentes formes de l'échange théâtral.

Sujet 3. Écriture d'invention.

Écrivez une tirade en prose dans laquelle un amant raconte à celle qu'il aime la première fois où il l'a vue.

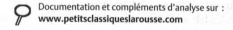

Documentation et compléments d'analyse sur :
www.petitsclassiqueslarousse.com

L'œuvre à l'examen

Objet d'étude : le théâtre, texte
et représentation.

À l' oral

Acte IV, scène 4.
Sujet : quelle est la fonction du monologue délibératif ?

I. Situation du passage

Lors de son apparition sur scène, Titus a annoncé à Paulin sa décision (prise avant que la pièce ne commence) de renvoyer Bérénice malgré l'amour profond qu'il a pour elle (II, 2). Pourtant, malgré ses affirmations péremptoires et résolues, Titus se montre incapable de dire la vérité en face de celle qu'il aime (II, 4). Lui ayant fait annoncer sa décision par l'intermédiaire d'Antiochus (III, 1), Titus se décide enfin à voir Bérénice, qui le demande et l'attend avec impatience (IV, 1 et 2). Mais, avant cette entrevue qu'il sait décisive, Titus repousse encore le moment de la confrontation et demande à rester seul (IV, 3).

L'enjeu de ce monologue est clairement défini par Paulin dans la scène qui le précède et le prépare : de ce « combat » intérieur

L'œuvre à l'examen

dépendent la « gloire » de l'empereur et « l'honneur de l'État » (vers 986). Ce monologue suscite donc l'intérêt du spectateur, qui se demande si Titus va maintenir sa décision ou au contraire y renoncer. En effet, deux images contradictoires du personnage ont été données au public : d'une part, celle de l'empereur décidé à assumer ses nouvelles responsabilités et à se consacrer désormais à sa « gloire » ; d'autre part, celle d'un amant qui, face à celle qu'il aime, ne peut surmonter son désarroi et sa souffrance. La suite de la pièce dépend donc du choix de Titus – choix douloureux qui donne lieu à une délibération.

II. Projet de lecture

Il s'agit de voir en quoi ce long monologue (le premier et le seul de Titus) est un monologue délibératif, c'est-à-dire une pause réflexive visant à prendre une décision à l'issue d'une confrontation d'idées. Face au dilemme qui lui impose de choisir entre l'amour et le devoir, le héros tragique analyse les différents aspects et enjeux du choix qu'il doit faire, examine les options possibles et cherche à évaluer les conséquences de chaque scénario avant de prendre une décision définitive – démarche introspective caractéristique de la délibération.

III. Composition du passage

– Vers 987-989 : les trois premiers vers, que Titus, dans l'état d'exaltation qui est le sien, s'adresse à lui-même, soulignent l'enjeu de cette pause réflexive.
– Vers 990-999 : Titus anticipe la scène d'adieu qu'il va devoir vivre, évoquant des images insupportables à l'homme amoureux qu'il est.
– Vers 1000-1013 : Titus en vient alors à penser que sa décision est absurde et dictée par un devoir imaginaire. Il se laisse même aller à faire l'hypothèse que Rome se ralliera à son amour.
– Vers 1013-1028 : après avoir parlé en tant qu'amant, Titus revient brusquement à la réalité et parle en tant qu'empereur.

L'œuvre à l'examen

Il adopte alors une argumentation inverse : Rome devient l'autorité absolue dictant ses devoirs à l'empereur, et l'amour est une erreur indigne de l'homme d'État.

– Vers 1029-1038 : emporté par le souci d'assumer au mieux son nouveau rôle d'empereur, Titus définit sa volonté d'exercer noblement ses fonctions, contrairement à ce qu'il a fait jusque-là.

– Vers 1039-1040 : lucide et conscient qu'il est difficile de mettre en pratique de telles résolutions, Titus conclut son discours par la nécessité de les exécuter rapidement, craignant d'autres moments de faiblesse. Sa décision est donc prise lorsqu'il est interrompu par l'arrivée de Bérénice.

IV. Analyse du passage

> Le monologue d'un homme tourmenté confronté
> à un dilemme

1. Un monologue qui met en scène le profond désarroi de Titus.

a. Une situation d'énonciation pathétique :

– un héros seul face à lui-même ;

– un héros qui mesure pleinement l'enjeu crucial de cette pause réflexive.

b. Les nombreuses manifestations d'émotion dans la parole de Titus :

– les effets de versification qui traduisent l'agitation intérieure de Titus ;

– les indices syntaxiques de son désarroi.

2. Une douloureuse prise de conscience.

a. Le vertige devant sa propre liberté :

– la toute-puissance de Titus ;

– Titus, bourreau de lui-même… et de Bérénice.

b. La nécessité de faire un choix et de le concrétiser rapidement :

– l'expression finale d'un choix inéluctable et déchirant ;

– le sentiment d'urgence de Titus, qui dramatise son propos.

L'œuvre à l'examen

Un monologue délibératif extrêmement rigoureux

1. Une délibération qui prend la forme du « pour et du contre ».

a. Un discours qui adopte le plan tripartite thèse, antithèse, synthèse :
– un amant qui veut croire à son bonheur et qui se laisse aller à une rêverie empreinte de lyrisme amoureux obéissant au principe de plaisir ;
– un empereur lucide dont la décision est dictée par le principe de.

b. L'opposition forte entre deux scénarios antithétiques :
– le triomphe de l'amour accepté par une Rome soumise et compréhensive ;
– le triomphe de l'honneur imposé par une Rome tyrannique qui épie l'empereur et lui dicte sa conduite.

2. L'examen de deux argumentations contradictoires, c'est-à-dire de deux exigences inconciliables.

a. Les arguments en faveur de l'amour.
b. Les arguments en faveur du renoncement.

Une nouvelle étape dans la progression vers la grandeur tragique

1. Une situation pathétique qui suscite l'émotion et la compassion du spectateur.

a. Le renvoi de Bérénice est présenté comme un combat à livrer à celle qu'il aime.
b. L'incertitude d'un homme qui se découvre obscur à lui-même, qui ne sait ni ce dont il est capable, ni ce que le sort lui réserve, ni surtout si les raisons qui le poussent à se séparer de Bérénice sont légitimes.

2. Le double intérêt psychologique et dramatique d'un monologue qui met en scène une lutte intérieure dont dépend tout le reste de la pièce.

L'œuvre à l'examen

a. L'intérêt psychologique d'une délibération qui révèle un homme déchiré et paradoxal.

b. L'intérêt dramatique d'une délibération qui représente une étape décisive dans la progression vers le renoncement complet. Titus vient à peine d'énoncer sa résolution que Bérénice arrive et interrompt son monologue, ce qui relance l'intérêt dramatique. Titus sera-t-il aussi désemparé que lors de leur première entrevue, ou aura-t-il le courage de faire coïncider ses paroles et ses actes ?

V. *Quelques éléments de conclusion*

Pour conclure, on peut souligner le triple intérêt de ce monologue délibératif. D'un point de vue dramatique, il fait attendre avec impatience la confrontation annoncée entre Titus et Bérénice, le spectateur se demandant si Titus saura mettre en œuvre la décision prise au terme de sa délibération. D'un point de vue psychologique, il apporte au public un éclairage supplémentaire sur la personnalité complexe et contradictoire de l'empereur. D'un point de vue dramaturgique enfin, ce monologue, en déployant une délibération qui examine tous les aspects du dilemme tragique, suscite l'émotion (plus ou moins admirative) du spectateur, qui ne peut s'empêcher de se livrer à une réflexion inquiète sur les aléas de la condition humaine et sur les renoncements inévitablement imposés à l'individu – réflexion qui est le propre de l'effet produit par la représentation du conflit tragique.

AUTRES SUJETS TYPES

- Un récit pathétique (I, 4, vers 209-258).
- Le discours argumentatif (II, 2, vers 371-419).
- La rhétorique de l'éloge (II, 2, vers 499-552).
- Jeu des acteurs et mise en scène (II, 4, vers 557-624).

 Documentation et compléments d'analyse sur :
www.petitsclassiqueslarousse.com

Outils de lecture

Action dramatique
Du grec *drama*, action ;
succession des événements qui
constituent l'intrigue de la pièce
de théâtre.

Coup de théâtre
Événement inattendu qui fait
rebondir l'action.

Didascalie
Partie du texte de théâtre
qui n'est pas prononcée par
les acteurs et qui donne la liste
et les noms des personnages,
la mention des actes
et des scènes, les changements
de tour de parole, mais aussi
des indications de mise en scène.

Double énonciation
Particularité du genre théâtral
qui fait qu'un personnage qui
s'adresse à un autre informe
en même temps le spectateur.

Dramaturgie
Technique de composition
et d'écriture propre à l'écrivain
de théâtre.

Exposition
Partie de la pièce qui fournit
les éléments nécessaires
à la compréhension
de la situation initiale.

Ironie tragique
Au théâtre, décalage
d'information entre le spectateur
et le personnage, le premier
discernant une menace que
le second ignore.

Monologue
Discours que prononce
le personnage seul en scène,
comme s'il se parlait à lui-même.

Nœud de l'action
Moment de la pièce où le conflit
atteint son point culminant,
où les obstacles auxquels sont
confrontés les héros semblent
insurmontables.

Péripétie
Au théâtre, événement qui crée
un rebondissement et bouleverse
la situation des personnages ;
quand il est imprévu, on parle
de « coup de théâtre ».

Règles
Le théâtre classique est régi
par un ensemble de règles :
vraisemblance, bienséances,
règle des trois unités (unités
de temps, de lieu et d'action).

Stichomythie
Dialogue où les personnages
se répondent à chaque vers.

Tirade
Longue suite de vers récitée sans
interruption par un personnage
de théâtre.

Bibliographie et filmographie

Éditions complètes de l'œuvre de Racine

• Alain Viala et Jacques Morel, *Racine, théâtre complet*, Bordas, coll. « Classiques Garnier », 1980.

• Georges Forestier, *Racine, théâtre et poésie*, Gallimard, coll. « Bibliothèque de la Pléiade », 1999 (nouvelle édition, après l'édition de 1950, dirigée par Raymond Picard).

Approches biographiques de Racine : sa vie et son œuvre

• Raymond Picard, *La Carrière de Jean Racine*, Gallimard, 1961.

• Jean Rohou, *Racine entre sa carrière, son œuvre et son Dieu*, Fayard, 1992.

• Alain Viala, *Racine, la stratégie du caméléon*, Seghers, 1990.

Présentations d'ensemble des tragédies de Racine

• Marcel Gutwirth, *Jean Racine, un itinéraire poétique*.

• Thierry Maulnier, *Racine*, Gallimard, 1936.

• Jean Rohou, *L'Évolution du tragique racinien*, SEDES, 1991.

Sur la réception des pièces de Racine

• Jean Rohou, *Jean Racine, bilan critique*, Nathan, 1994.

• Jean-Jacques Roubine, *Lectures de Racine*, Armand Colin, coll. « U2 », 1971.

Études critiques sur le théâtre de Racine

• Roland Barthes, *Sur Racine*, Seuil, 1963.

• Lucien Goldmann, *Racine*, L'Arche, 1956, et *Le Dieu caché*, NRF-Gallimard, 1959.

• Charles Mauron, *L'Inconscient dans l'œuvre et la vie de Jean Racine*, 1957.

Bibliographie et filmographie

- Jean Starobinski, *L'Œil vivant*, « Racine et la poétique du regard », Gallimard, 1961.

Sur *Bérénice*

- Simone Akerman, *Le Mythe de Bérénice*, Nizet, 1978.
- Jacques Scherer (sous la direction de), *Bérénice*, édition avec analyse dramaturgique, SEDES, 1974.

Adaptations télévisuelles de *Bérénice*

- *Bérénice*, téléfilm réalisé par Raymond Rouleau (1975), avec Danièle Lebrun, Laurent Terzieff et Robert Rimbaud.
- *Bérénice*, téléfilm réalisé par Jean-Claude Carrière et Jean-Daniel Verhaeghe (2000), avec Carole Bouquet, Gérard Depardieu et Jacques Weber.

Films sur Racine et le monde théâtral au XVIIe siècle

- *Marquise*, réalisé par Véra Belmont (1998), avec Sophie Marceau, Lambert Wilson et Bernard Giraudeau, sur les rapports entre Racine, Molière et la Du Parc.
- *Saint-Cyr,* réalisé par Patricia Mazuy (2000), avec Isabelle Huppert, Jean-Pierre Kalfon et Jean-François Balmer, sur les deux pièces de théâtre édifiantes écrites par Racine, à la demande de Mme de Maintenon, pour les jeunes filles pensionnaires de Saint-Cyr.
- *Molière ou La Vie d'un honnête homme*, réalisé par Ariane Mnouchkine (1978), avec Philippe Caubère, Jean Dasté, Joséphine Derenne.

Direction de la collection : Yves GARNIER et Line KAROUBI
Direction éditoriale : Line KAROUBI, avec le concours de
Romain LANCREY-JAVAL
Édition : Marie-Hélène CHRISTENSEN
Lecture-correction : service Lecture-correction Larousse
Recherche iconographique : Valérie PERRIN, Laure BACCHETTA
Direction artistique : Uli MEINDL
Couverture et maquette intérieure : Serge CORTESI
Responsable de fabrication : Marlène DELBEKEN

Crédits Photographiques

Photocomposition : Nord Compo.
Impression Liberdúplex en Espagne
Dépôt légal : Août 2006. – N° de projet : 11005385 – Mars 2007.